新学習指導要領対応版

3つのかんたんルールで
字がうまくなる!

# まほうの下じき付き 子ども六度法ノート

富澤敏彦 著

旬報社

# 「きれいな字」が書けるようになりたいと思っているみなさんへ

字がうまく書けないとなやんでいるみなさん！

じつは大人も同じなのです。お父さんやお母さんに聞いてみてください。「手紙や年賀状《ねんがじょう》を書くのが苦手《にがて》」。きっとそう言うはずです。

大人はみんなより字をたくさん書いています。それなのにきれいに書けないのはなぜでしょうか。理由《りゆう》は「きれいな字の書き方」を習《なら》ったことがないからです。これは学校でもどこでも教えてくれません。

これからみなさんに知ってもらう「六度法《ろくどほう》」という字の書き方は、わたしが考え出したものです。たった三つのルールをおぼえるだけで、みんなが小学校でおぼえる一〇二六の漢字《かんじ》ぜんぶがきれいに書けます。ひらがなも、カタカナもきれいに書けます。

ほんとうかなと思った人もいるかもしれませんが、ほんとうです。ページをめくるたびに、かならず「字がきれいになった」と感《かん》じられるはずです。

しかも、この本には**「まほうの下じき」**をつけました。これを使《つか》えば毎日の勉強《べんきょう》やしゅくだいがきれいな字の練習《れんしゅう》時間になります。まさに一石二《いっせきに》鳥《ちょう》です！

六度法《ろくどほう》を身《み》につければ、かならず「きれいな字」が書けるようになります。さあ、さっそくレッスンをはじめましょう！

富澤敏彦《とみざわとしひこ》

## おうちの方へ

きれいな字とは、つまり「形の整った字」です。これは点や線の配置が適切かどうかで決まりますが、そのための技術論というものはこれまで存在しませんでした。一字一字のお手本を見ながら、一生懸命、根気よく真似る。その程度のもので、一〇〇〇字をきれいにしようと思ったら一〇〇〇字分それを繰り返さなければなりませんでした。

私は国語教師時代、古代中国の名人の字を分析し、「形の整った字」とは三つのルールに集約されることを発見しました。それがこの本でお伝えする「六度法」です。

「六度法」は「右上がりにする」「右下に重心を置く」「等間隔にする」という非常に簡単なルールで、小学校で習得する一〇二六字はおろか、すべての常用漢字に適用できます。つまり、このルールを覚えることで、初めて書く字もきれいにすることができるわけです。

私は教師時代に、このメソッドを生徒・児童に身につけさせ、それによって子どもたちの字は一変しました。

子どもにとって字がきれいになることは大きな喜びであり、字を書くことそのものが好きになります。それは間違いなく学力向上につながります。

また、きれいな字が、社会での信頼につながることも疑いようのない事実です。当然ながら吸収力の高い子ども時代こそ、身につけるには最適なのです。

この本には**「まほうの下じき」**として、**六度法罫線がついた下敷き**を**付録**としました。日々の学習時に活用していただければ、いっそう上達が早まります。

一度身についた技術は一生なくなりません。ぜひ、「きれいな字」という〝生きる力〟を、お子様に与えてあげてください。

富澤敏彦

# もくじ

# 1 六《ろく》度《ど》法《ほう》ってなに？

そうそう
練習《れんしゅう》しないで
うまくなる
ガコン
ガコン
ガコン
ラクチンな
方法《ほうほう》ってないかなぁ
もう、
ケン太くんたら
そんな方法《ほうほう》
あるわけ
ないでしょ
ない
ない
いいえ、
ありますよ
うわっ
えええ
あるのー?!!
きれいな字に
するには、
三つのルール
があります
3
それをおぼえて
しまえば
いいんですよ
たった三つで
いいの?
でも、
それってどんな
ルールなの?
ヒソ
ヒソ
ヒソ

❶少し右上がりにする
❷右下のすみをのばす
❸同じはばにする

右上がりにする角度《かくど》はだいたい六度《ど》です。そのためこの書き方を『六度法《ろくどほう》』とよびます。きっちり六度《ど》でなくてもかまいません。少し右上がりになっていればきれいに見えます。

おぼえるルールがたった三つでいいなんて、ぼくにぴったり！
3つならおぼえられそう
六《ろく》度《ど》法《ほう》はどの字にもあてはまります
だからルールさえ身《み》につければ、
初めて書く字でもきれいに書けるんですよ
う～ん、六《ろく》度《ど》法《ほう》、ますます気にいっちゃった
ヤッホー
ノート
ケン太
ケン太くん、さっそくレッスンしてみましょうよ！
次のページにレッツGO!!

第1ルール

# 少し右上がりにする

その1

## 横の線を少し右上がりにしよう

六《ろく》度《ど》法《ほう》の最初《さいしょ》のルールはこれです。横に引く線（横画《よこかく》）を少し右上がりにしてみましょう。横の線が何本もあるときは、同じ角度《かくど》にそろえましょう。

**ワンポイント！**

小学校で学ぶ漢字《かんじ》は1026字。横画《よこかく》はぜんぶで約《やく》4000本あります！

横に引く線をそれぞれ右上がりに。角度《かくど》をそろえます

一　三　五　日　生

なぞってみましょう

一　三　五　日　生

古　高　戸　向　字

なぞってみましょう

古　高　戸　向　字

第1ルール　少し右上がりにする

その2

# 点や線の書き始《はじ》めをだんだん右上がりにしよう

「川」という字なら、左の線↓真ん中の線↓右の線の順《じゅん》に、だんだん書き始《はじ》めを高くしていきます。こうすると字の全体《ぜんたい》が右上がりになってきれいに見えます。

3つの線のスタートの位置《いち》がだんだん右上がりになるようにします
ココだよ！
だんだん右上がりね

**ワンポイント！**

小学校の1026字では、点や線の書き始《はじ》めを高くするところが約《やく》400カ所あります！

公　花　父　小　火

公　花　父　小　火

◀なぞってみましょう

悲　羊　受　光　谷

悲　羊　受　光　谷

◀なぞってみましょう

第1ルール
少し右上がりにする

その3

# 左と右に分かれる字は右上がりにならべよう

「休」のように、左の字（「へん」とよびます）と右の字（「つくり」とよびます）でできた漢《かん》字《じ》の場合は、六度《ど》の線の上にならべ、字の全体《ぜんたい》を右上がりにします。

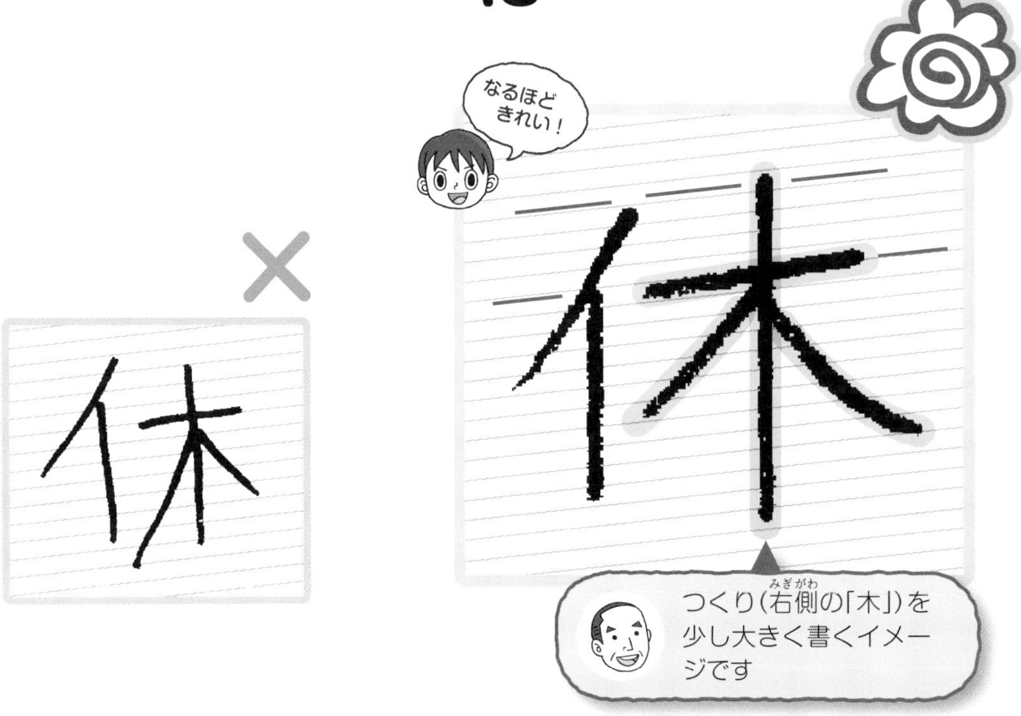
なるほど
きれい！
×
休
休
つくり（右側《みぎがわ》の「木」）を少し大きく書くイメージです

朝　地　作　北　秋

朝　地　作　北　秋

◀なぞってみましょう

味　竹　羽　引　強

味　竹　羽　引　強

◀なぞってみましょう

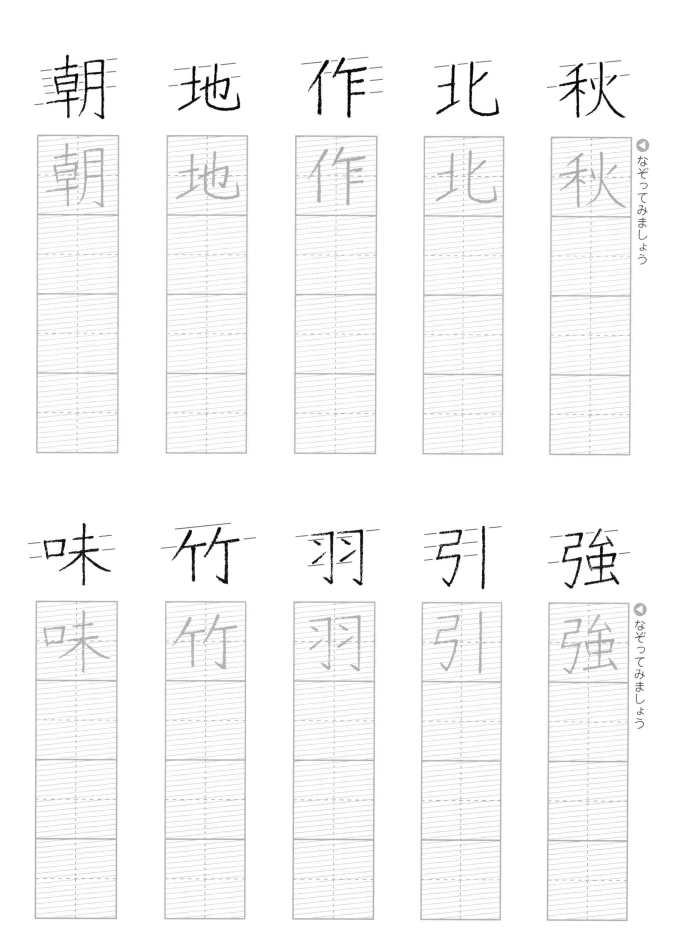

# 第2ルール 右下のすみをのばす

## その1 右のたて線をしっかりのばそう

六度法の二つ目のルールがこれです。「内」という字のように、右のたて線（たて画）を下に向けてしっかり引っぱりましょう。こうするとバランスがよく、安定《あんてい》します。

右下に引っぱるのね！
内
この線を右下に向けてぐっと引っぱりましょう

×
内

問　村　出　白　円

なぞってみましょう

外　待　新　科　何

なぞってみましょう

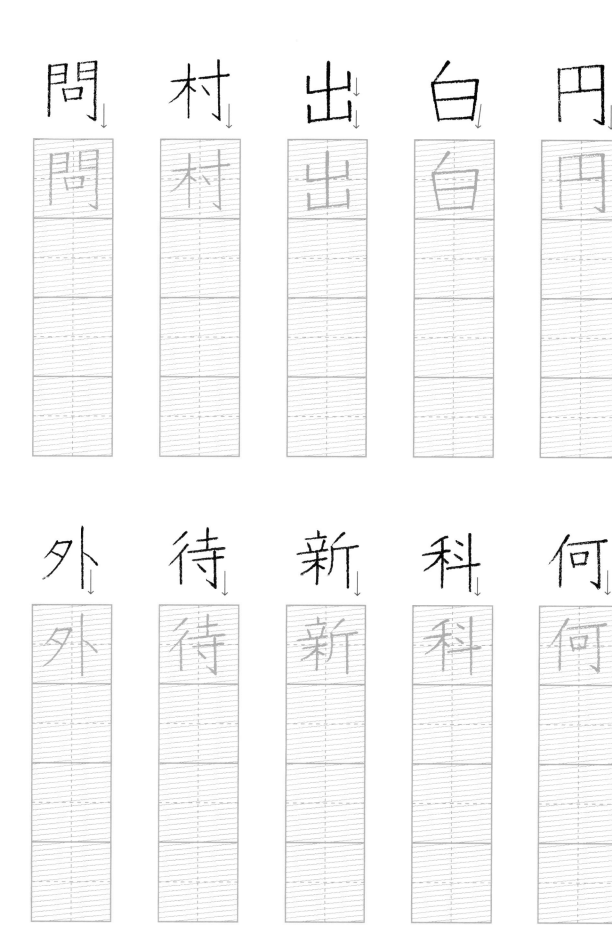

第2ルール
## 右下のすみをのばす

その2
# 右ななめ下に向けてしっかり引っぱろう

×例《れい》のように右ななめ下に向かう線が短《みじか》いとバランスが悪《わる》くなります。この線には「はらい」「そり」「張《は》りだし」などのタイプがあります。それぞれ練習《れんしゅう》してみましょう。

しっかりはらおう！
太
×
太
右下のすみに向けてしっかりはらいます

## はらい　右下のすみに向けてはらう

飲　足　水　文　木

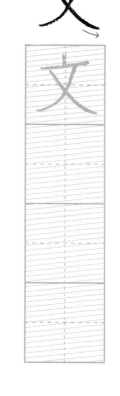

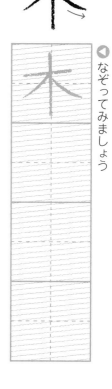

なぞってみましょう

鉄　走　長　矢　麦

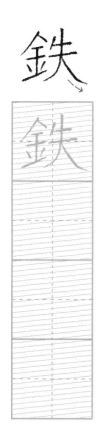

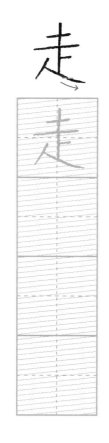

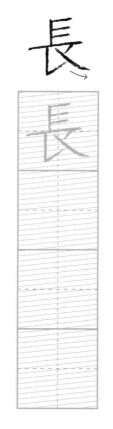

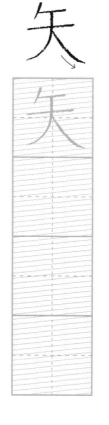

なぞってみましょう

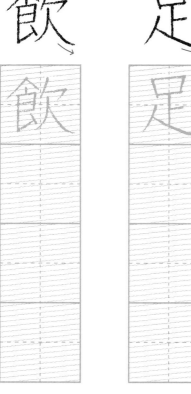

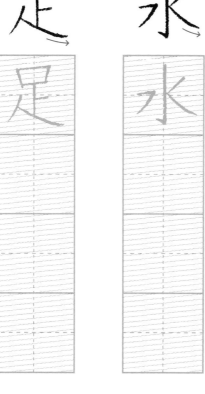

## そり

右下にしっかり引く。はねるときは真上に

代　海　女　風　気

代　海　女　風　気

なぞってみましょう

## 張《は》りだし

右に引っぱって、真上にはねる

院　色　兄　元　九

院　色　兄　元　九

なぞってみましょう

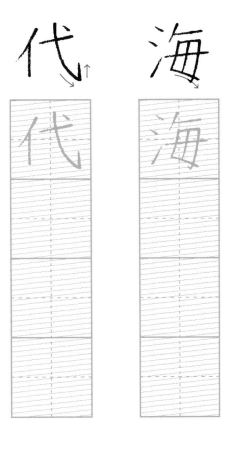

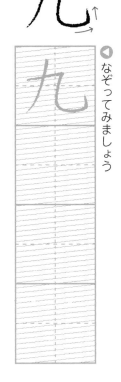

## しんにょう

部首《ぶしゅ》のひとつ。右下に引っぱる

追　近　通　道　週

追　近　通　道　週

なぞってみましょう

## まき

真ん中に向かってしっかりまく

号　弱　馬　男　力

号　弱　馬　男　力

なぞってみましょう

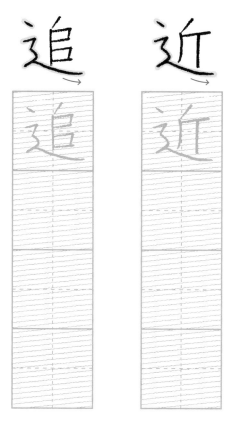

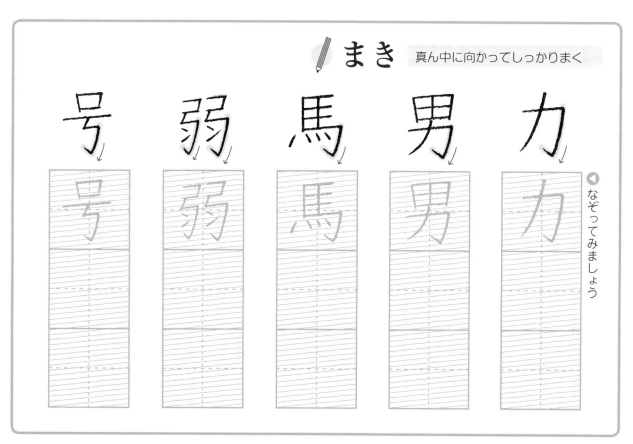

第2ルール　右下のすみをのばす

# その3　終《お》わりの点をしっかり引こう

漢字《かんじ》の点はちょんちょんと打《う》つのではなく、引っぱります。とくに「広」のように、終《お》わりの点はしっかりと右下に向かって引くようにしましょう。

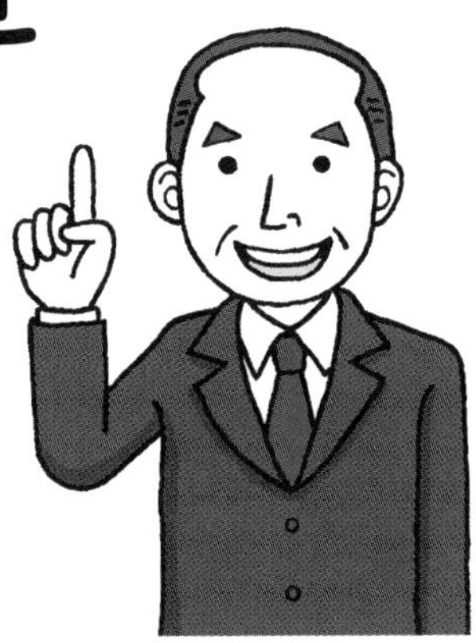

しっかり引くのね！
広
広
終《お》わりの点を右下のすみに向かって引っぱります

虫 去 終 魚 六

なぞってみましょう

黄 負 具 不 会

なぞってみましょう

# 第3ルール 同じはばにする

## その1 上下や左右のはばを同じにする

六《ろく》度《ど》法《ほう》の三つ目のルールがこれです。横の線やたての線を何本も書くとき、上下や左右の間が同じになるようにします。とてもかんたんなルールですが、これだけでも字がきれいになります。

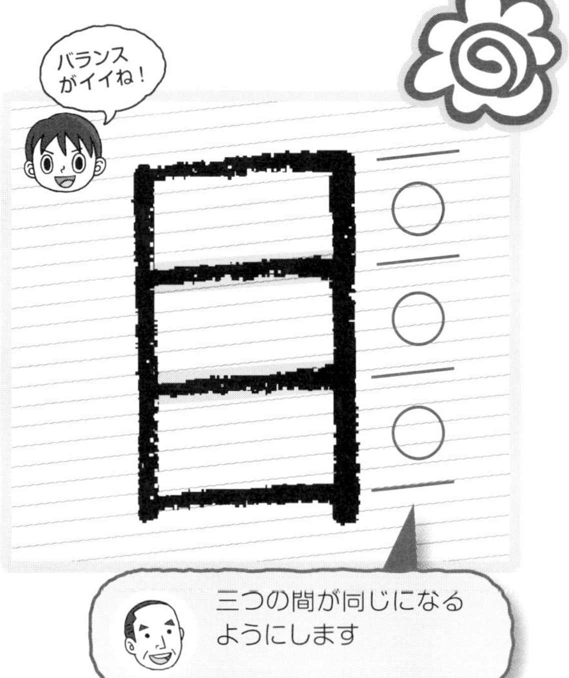

バランスがイイね！
○
○
○
三つの間が同じになるようにします

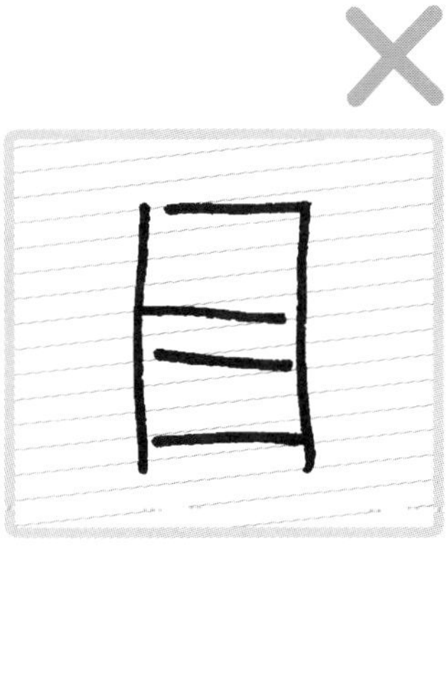

×

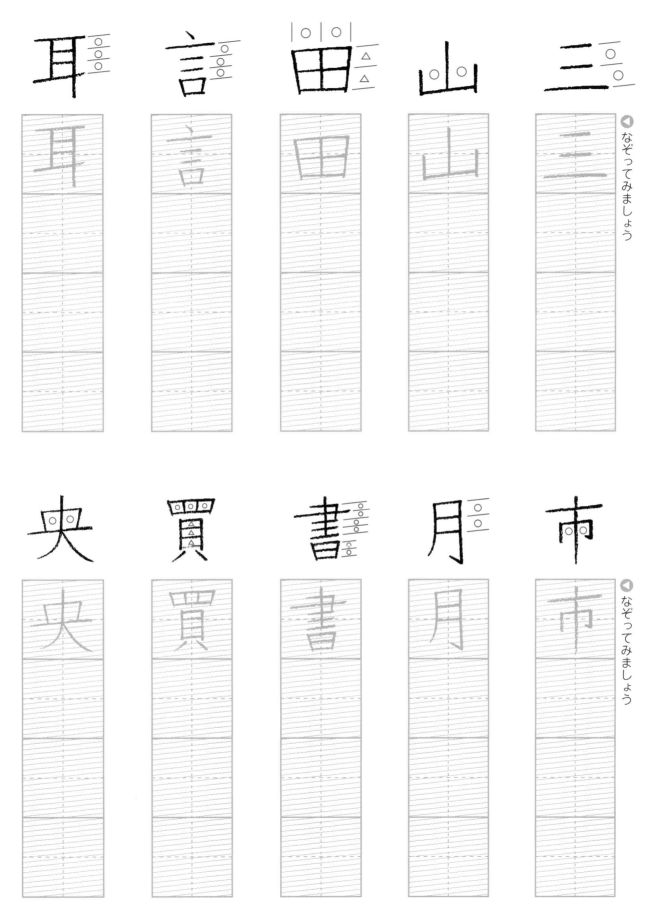

耳　言　田　山　三

なぞってみましょう

耳　言　田　山　三

央　買　書　月　市

なぞってみましょう

央　買　書　月　市

第3ルール
同じはばにする

## その2 点や「はらい」のはばを同じにする

いくつも点を打《う》ったり、「形」のように「はらい」のある字の場合《ばあい》も、それぞれのはばを同じにします。また、点や「はらい」の角度《かくど》もそろえましょう。

なるほど！
「はらい」のはばと角度《かくど》をそろえるとバランスがよくなります

点 学 黒 州 賞

なぞってみましょう

点 学 黒 州 賞

多 場 家 物 参

なぞってみましょう

多 場 家 物 参

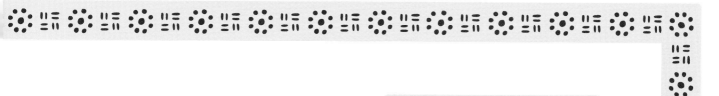

わかるかな？

# 六《ろく》度《ど》法《ほう》クイズ

「少し右上がりにする」「右下のすみをのばす」「同じはばにする」。三つのルールはもうおぼえましたか？　では、ここでクイズ。つぎの字を書いてみて、どこに六《ろく》度《ど》法《ほう》を使《つか》うかあててみましょう。

① 行

② 時

③ 弟

④ 細

⑤ 競

⑥ 顔

答え

① 行

たて線を右下のすみにしっかり引っぱろう！

② 時

「日」を同じ「はば」にすることを忘れずに

③ 弟

点も右上がりになったかな？

④ 細

「糸」も右上がりになっていますか？

⑤ 競

二つの字がならぶときは、全体が右上がりになるように

⑥ 顔

これがわかったらもうバッチリ！3ルールがぜんぶ入っているよ！

# 2 ひらがなとカタカナをきれいに書く

すごいじゃない、ケン太くん!
すごーいい
まえの字とぜんぜん違《ちが》う。きれいに書けるようになったわね
へへ、まあね
でも先生、ぼく、『ケン太』ってなまえもカッコよく書きたいんだよね
ノート
わたしも漢字《かんじ》は上手《じょうず》になったけど…
ひらがなやカタカナはどうしたらいいのかしら?
『はるか』もきれいに書きたいな
ノート

ふたりとも心配《しんぱい》はいりません
カタカナもひらがなも、じつは漢字《かんじ》からできた文字なのです
カタカナ
阿→阿→ア
伊→伊→イ
宇→宇→ウ
ひらがな
安→安→あ→あ
以→以→い
宇→宇→う
へーっ、そうなんだ！
ケン太も
はるかも
バッチリ♡
だから、ひらがなとカタカナも…
六度法《ろくどほう》を使《つか》えばきれいに書けるのです
GO! GO!
さあ、いっしょにやってみよう！

## ひらがな

「く」「こ」「し」「の」「へ」の5つの字には六度法を使いません

あ い う え お

なぞってみましょう

あ い う え お

か き く け こ

なぞってみましょう

か き く け こ

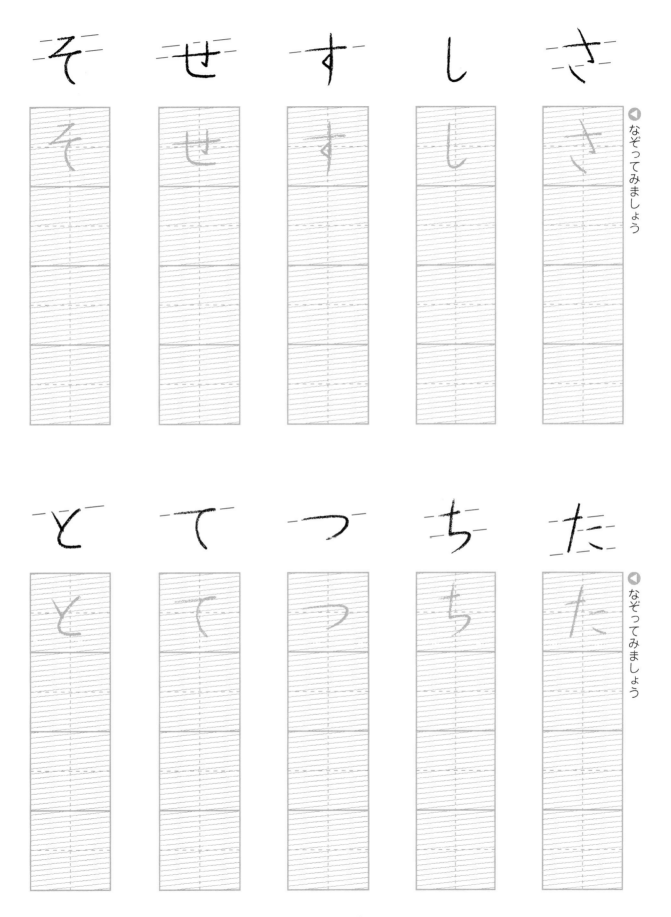

さ し す せ そ

なぞってみましょう

た ち つ て と

なぞってみましょう

な　に　ぬ　ね　の

なぞってみましょう

な　に　ぬ　ね　の

は　ひ　ふ　へ　ほ

なぞってみましょう

は　ひ　ふ　へ　ほ

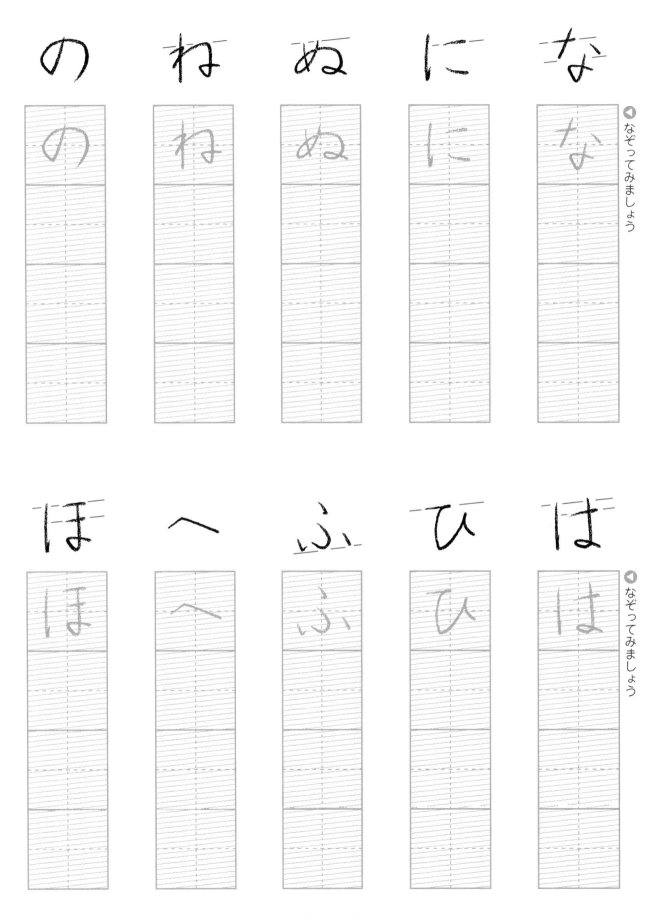

なぞってみましょう

ま み む め も

ま み む め も

なぞってみましょう

や ゆ よ

や ゆ よ

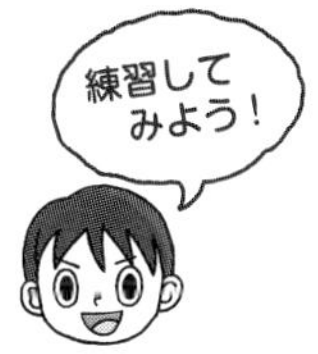


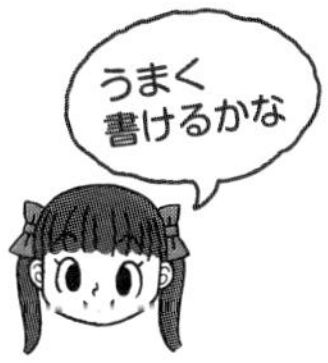

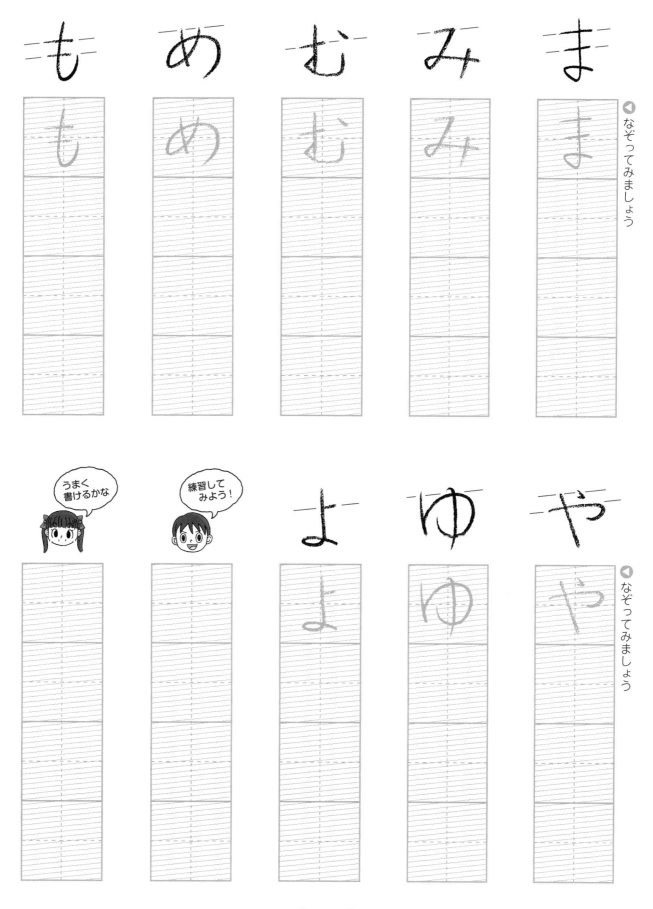

なぞってみましょう

ら り る れ ろ

ら り る れ ろ

なぞってみましょう

わ を ん

わ を ん

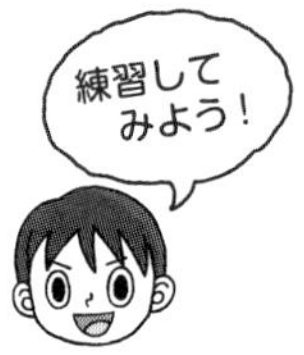


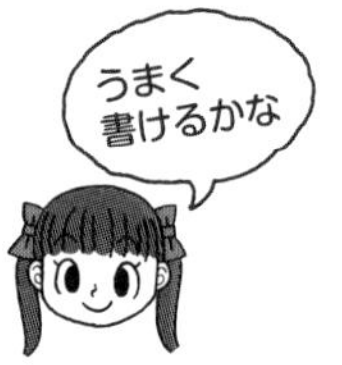

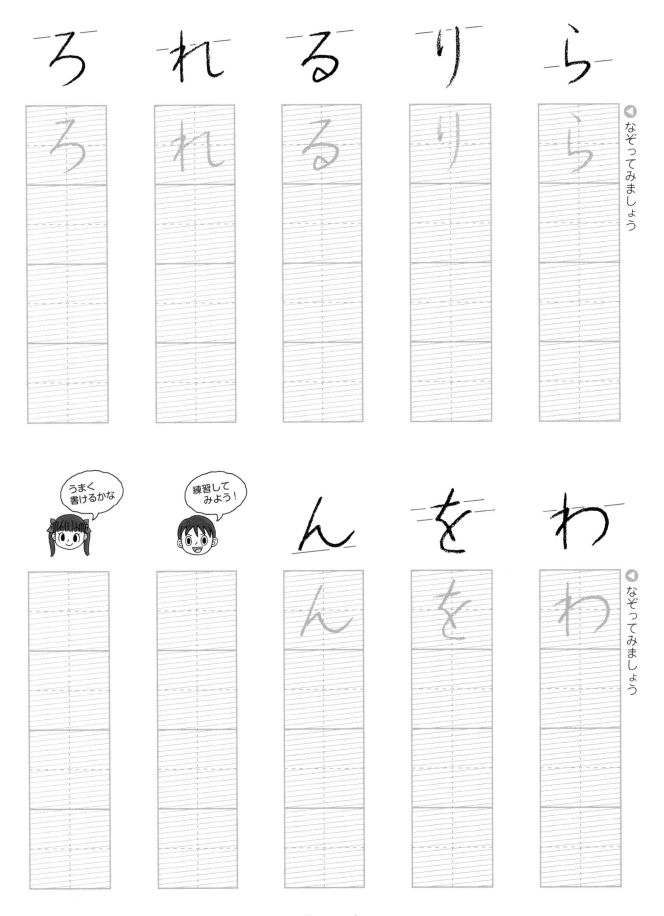

## カタカナ

「イ」「ト」「ノ」「へ」「ム」「メ」「レ」の7つの字には六度法を使いません

ア　イ　ウ　エ　オ

なぞってみましょう

カ　キ　ク　ケ　コ

なぞってみましょう

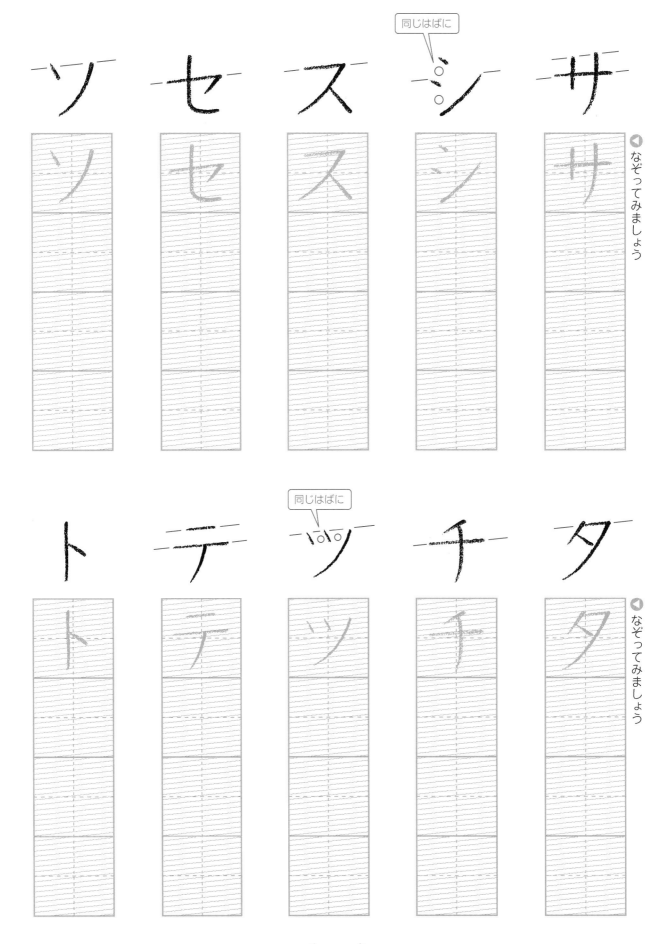

なぞってみましょう

サ

同じはばに

シ

ス

セ

ソ

なぞってみましょう

タ

チ

同じはばに

ツ

テ

ト

ナ　ニ　ヌ　ネ　ノ

なぞってみましょう

ハ　ヒ　フ　ヘ　ホ

なぞってみましょう

なぞってみましょう

マ

同じはばに

ミ

ム

メ

モ

なぞってみましょう

ヤ

ユ

同じはばに

ヨ

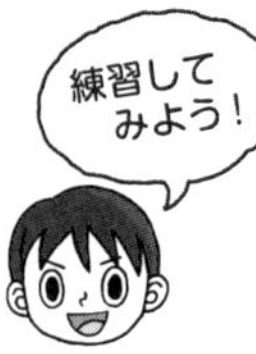


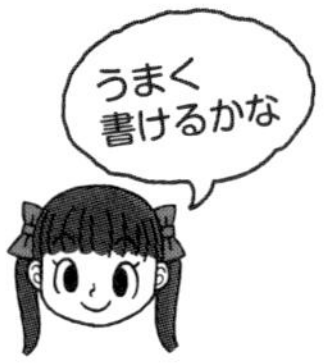

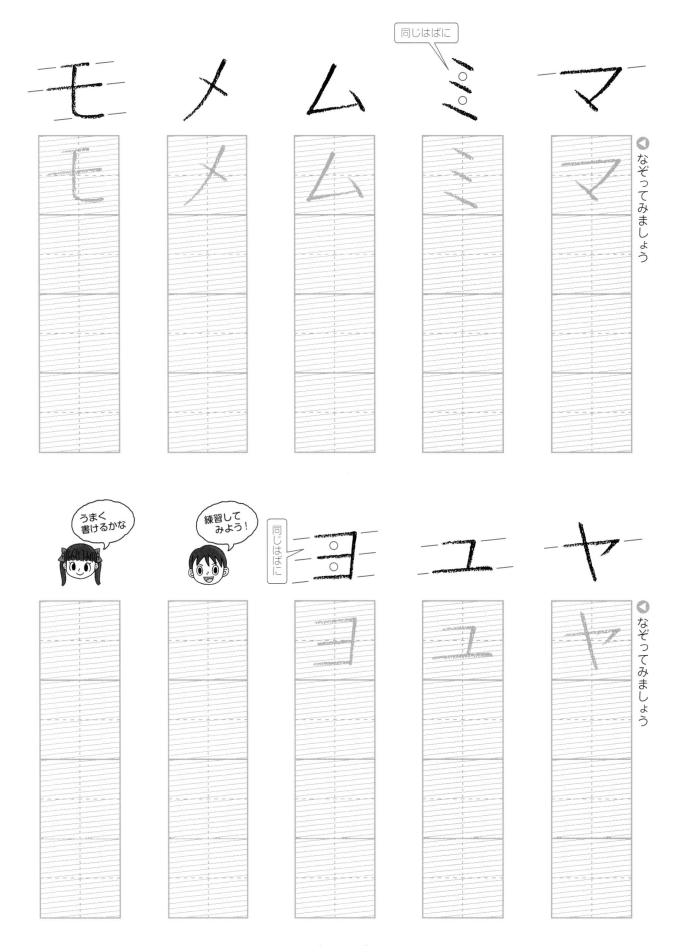

ラ　リ　ル　レ　ロ

なぞってみましょう

書き順にちゅうい！

ワ　ヲ　ン

なぞってみましょう

## わかるかな?

# 書き順《じゅん》クイズ

きれいな字を書くためには、正しい書き順《じゅん》で書くことが大切です。左の字で●がついている線は第何画《かく》かわかりますか? 六《ろく》度《ど》法《ほう》で練習《れんしゅう》しながら自分の書き順《じゅん》を点検《てんけん》してみてください。

① 田

② 臣

③ 九

④ 帯

書き順《じゅん》をおぼえればもっときれいになるよ!

⑤ 区

⑥ 世

⑦ 馬

⑧ 官

⑨ 級

⑩ 成

## 答え

① 4画目

② 1画目

③ 1画目

④ 5画目

⑤ 4画目

⑥ 5画目

⑦ 5画目

⑧ 4画目

⑨ 7画目

⑩ 2画目

# 3 六《ろく》度《ど》法《ほう》プラスアルファのコツ

まっすぐにそろえる
ななめにそろえる
広く
だいたい同じはばにそろえる
おり重ねる
右側の字（道の場合は「首」）のはじからソロソロとはらう
こうやって「しんにょう」がきれいに書けるようになれば
道だけじゃなくて「進」や「週」だってきれいに書けます
おおお—
なるほど！いちどにうまくなれるわけね
ヤッター
六度法《ろくどほう》には、こんなふうに字をもっときれいにするためのコツがいくつかあります
つぎのページではそれをお教えしましょう！

# プラスアルファのコツ

三つの基《き》本《ほん》ルールのほかに、字のバランスをよくするためのコツが六度法《ろくどほう》にはいくつかあります。ここではかんたんな六つのプラスアルファのコツをお伝《つた》えします。

## その一 「しんにょう」の書き方

苦手《にがて》な人が多いようですが、全体《ぜんたい》のバランスと最後《さいご》の「はらい」に気をつければ上手《じょうず》に書けます。

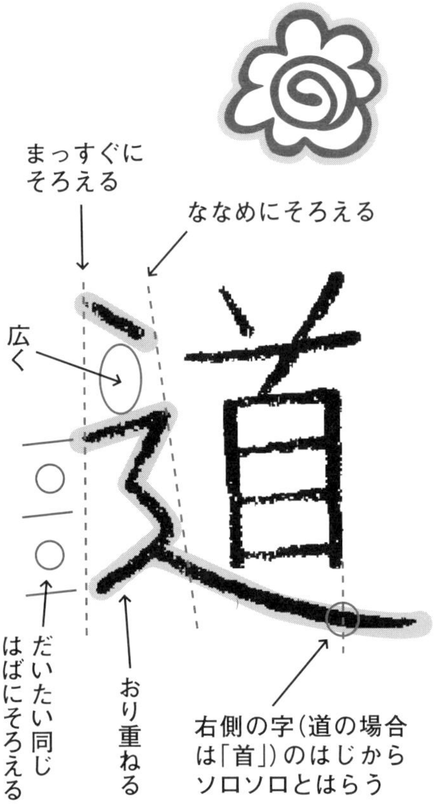


## その二 横線は一本だけ長くする

何本も横線がある字の場合は、その中の一本だけを長くすると全体《ぜんたい》のバランスがとれます。

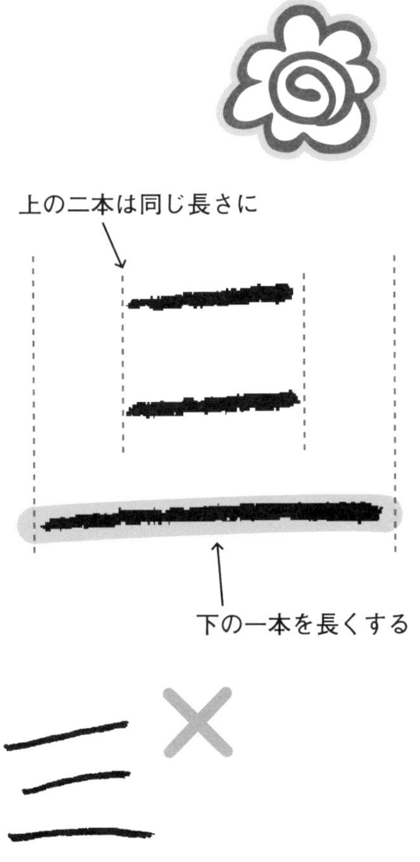

送　進　運　近　遠

送　進　運　近　遠

なぞってみましょう

寒　車　生　玉　全

寒　車　生　玉　全

なぞってみましょう

## その三　はねる角度《かくど》は大きくする

「はね」の角度《かくど》はせまくならないようにします。「子」などはだいたい四五度《ど》に、「元」などは真上にはねます。

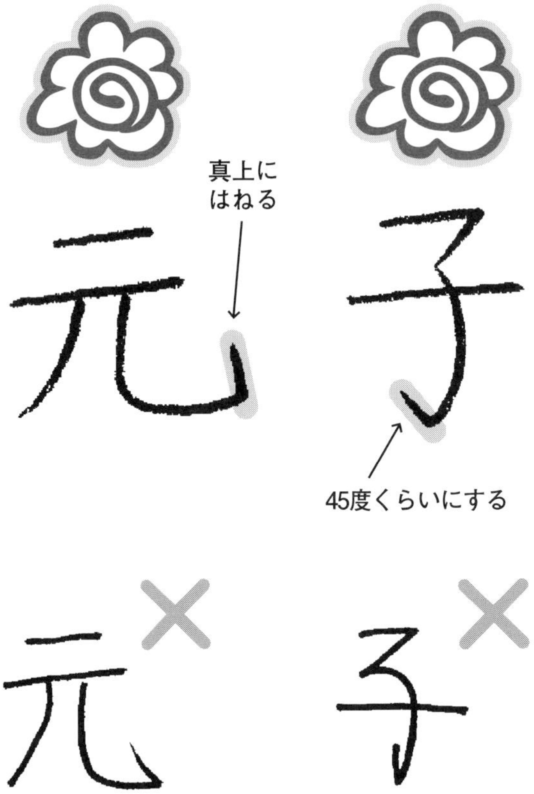


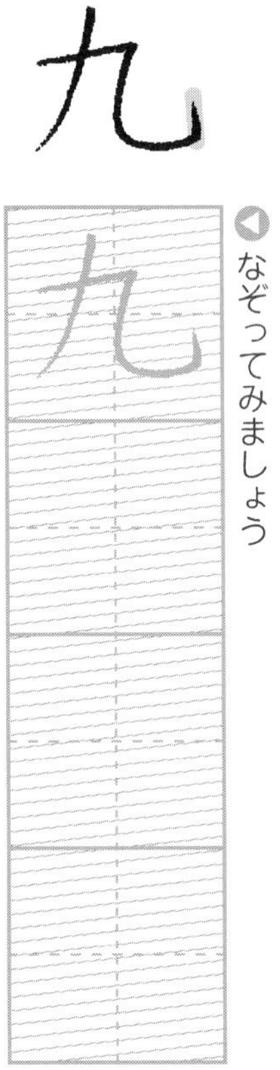


## その四　点は打《う》つのではなく引く

「点を打《う》つ」と言うので、ちょんちょんと書く人がいます。しかし、点は短《みじか》くてもしっかり引くのがコツです。

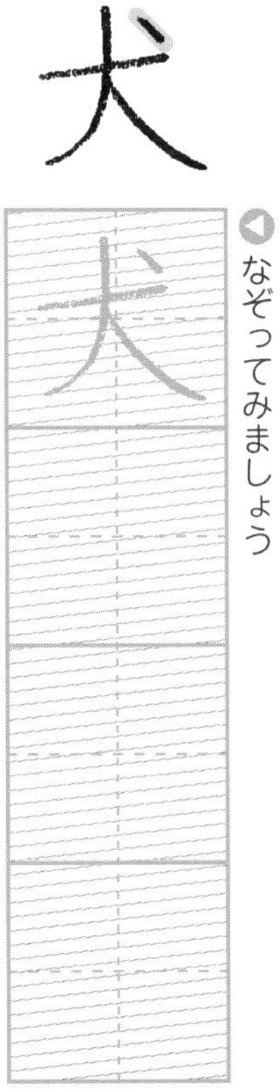

方　先　手　化　才

方　先　手　化　才

氷　点　科　学　母

氷　点　科　学　母

その五

## 同じ形の字がならぶ場合

同じ形の字をならべるときは、大きさに差《さ》をつけます。左右が同じ場合は右を大きく、三つ同じ場合は書く順《じゅん》に中・小・大とします。

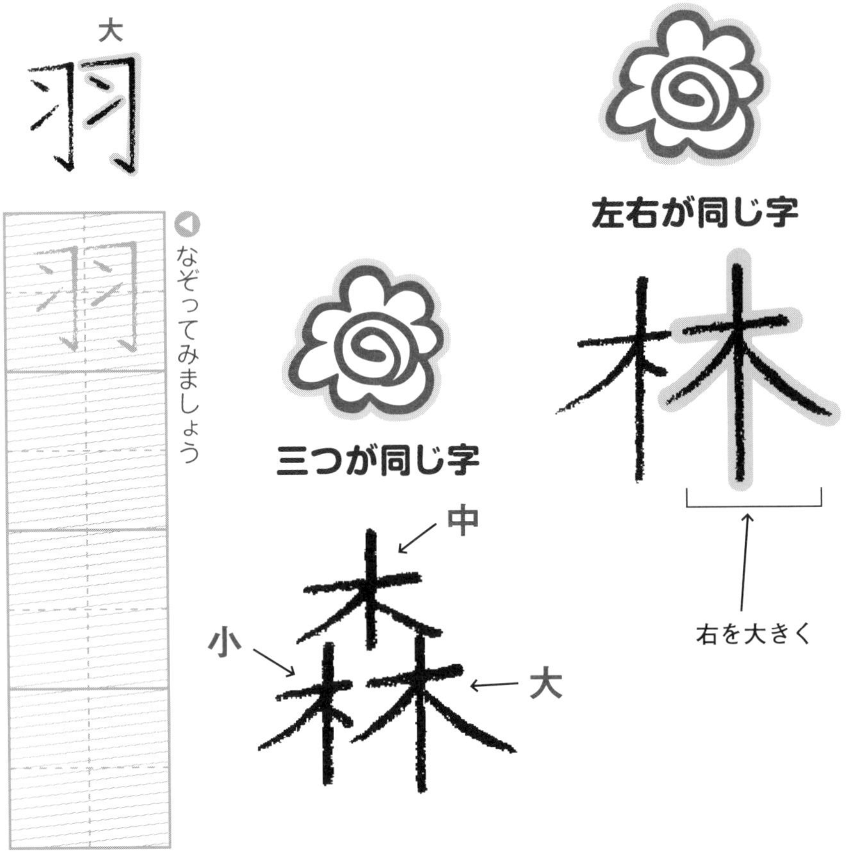
左右が同じ字
林
右を大きく
三つが同じ字
森
中
小
大
大
羽
なぞってみましょう

その六

## 上下にすき間をあけすぎない

上下にわかれている字は、すき間があきすぎるとかっこうがつきません。なるべくすき間をあけないようにします。

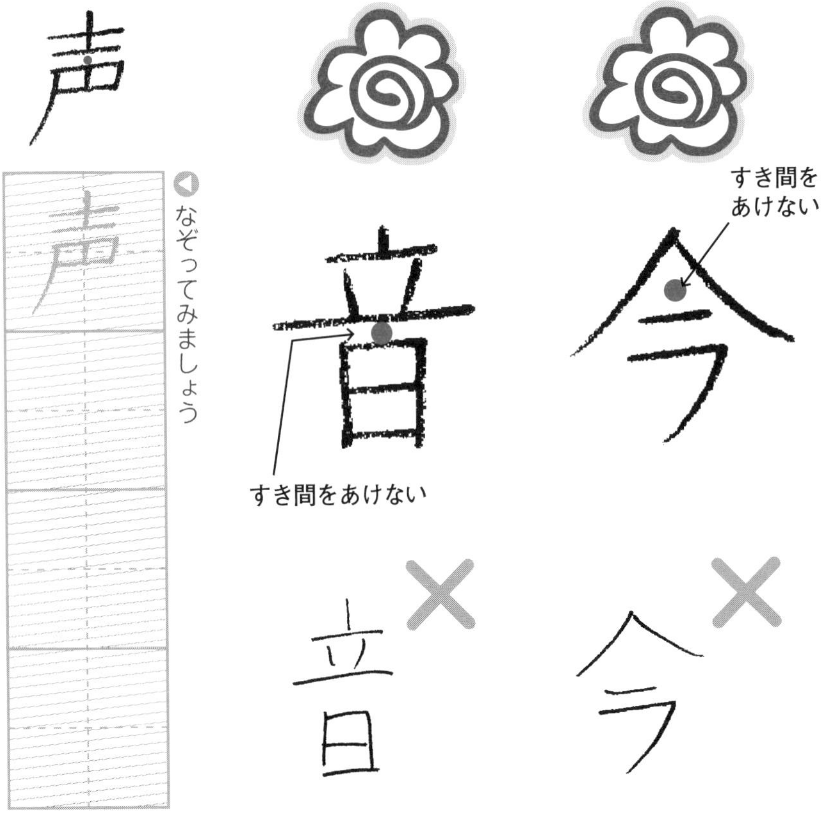
すき間をあけない
今
音
すき間をあけない
声
なぞってみましょう

中 小 大
協

中 小 大
品

大
比

大
竹

大
弱

県

港

台

岩

空

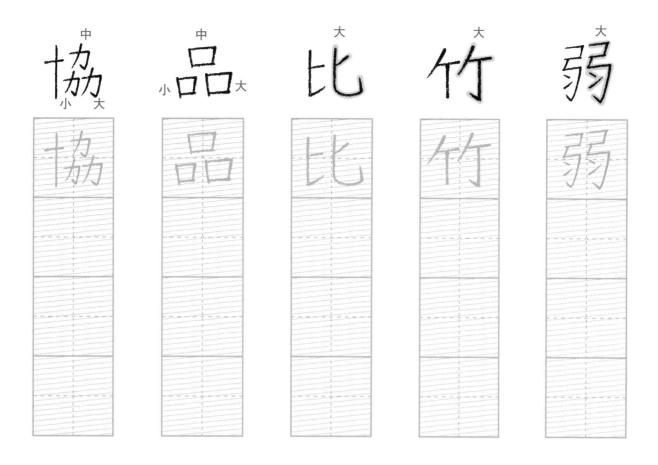

# 文をきれいに書くコツ

## たて書きのとき

❶字の中心をそろえる
❷漢字《かんじ》は大きめに書く
❸ひらがな・カタカナは小さめに書く

ひとつひとつの字がきれいに書けるようになったら、ならべて文にしてみましょう。たて書き、よこ書きをきれいに書くコツです。

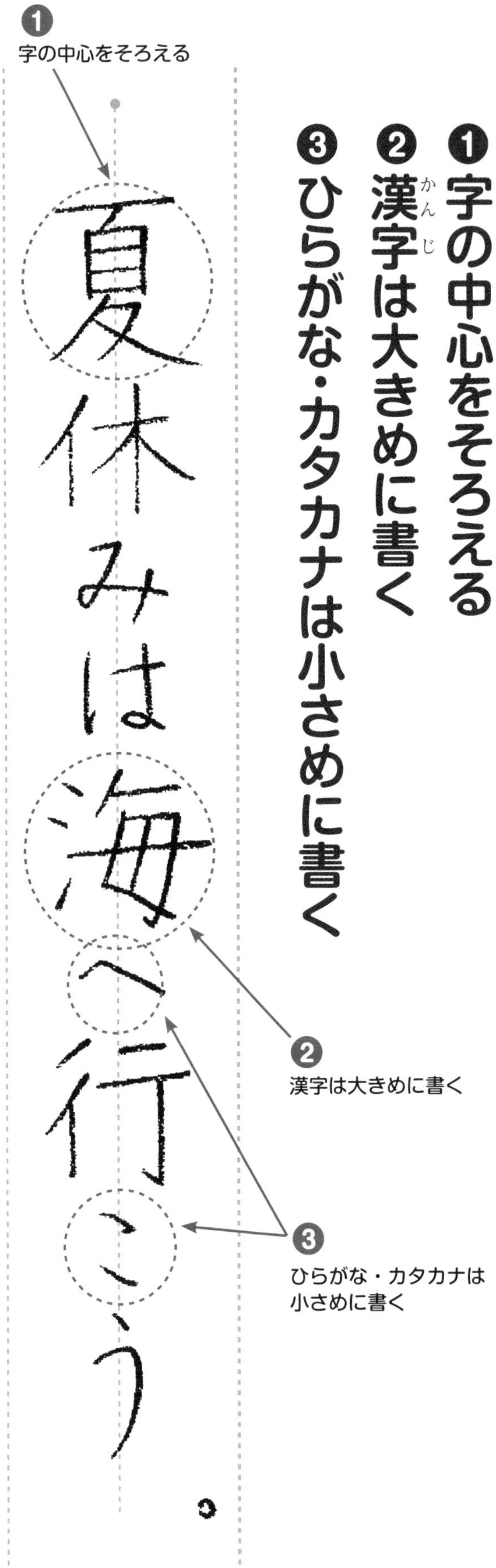
❶
字の中心をそろえる
夏休みは海へ行こう。
❷
漢字は大きめに書く
❸
ひらがな・カタカナは小さめに書く

◀書いてみましょう

友だちから手紙が来た。

歌のコンクールに出場する。

サッカーで得点を決めた。

書いてみましょう

# よこ書きのとき

## ❶字の下部分《ぶぶん》をそろえる
## ❷漢字《かんじ》は大きめに書く
## ❸ひらがな・カタカナは小さめに書く

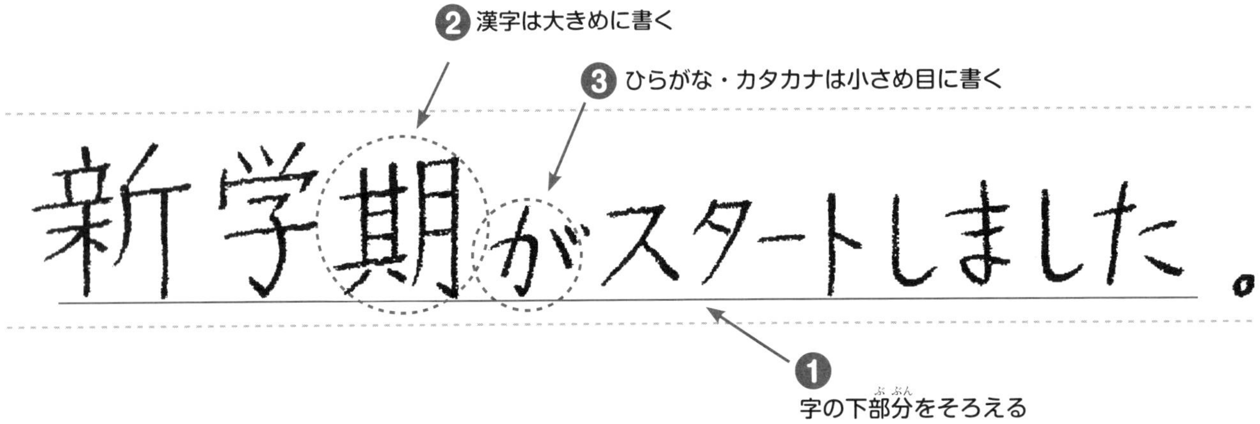

❷ 漢字は大きめに書く
❸ ひらがな・カタカナは小さめ目に書く
新学期がスタートしました。
❶
字の下部分《ぶぶん》をそろえる

▼書いてみましょう

運動会で1位になる！

私はダンスが大好きです。

昼休みにドッジボールをする。

書いてみましょう

6年生

| 奮 | 並 | 陛 | 閉 | 片 | 補 | 暮 | 宝 |
|---|---|---|---|---|---|---|---|
| フン<br>ふる(う) | ※ヘイ<br>なみ・なら(べる)<br>なら(ぶ)<br>なら(びに) | ヘイ | ヘイ<br>と(じる)<br>※と(ざす)<br>し(める)<br>し(まる) | ※ヘン<br>かた | ホ<br>おぎな(う) | ※(ボ)<br>く(れる)<br>く(らす) | ホウ<br>たから |

6年生

| 訪 | 亡 | 忘 | 棒 | 枚 | 幕 | 密 | 盟 |
|---|---|---|---|---|---|---|---|
| ホウ<br>たず(ねる)<br>※おとず(れる) | ボウ<br>※モウ<br>※な(い) | ※ボウ<br>わす(れる) | ボウ | マイ | マク・バク | ミツ | メイ |

6年生

| 模 | 訳 | 郵 | 優 | 預 | 幼 | 欲 | 翌 |
|---|---|---|---|---|---|---|---|
| モ・ボ | ヤク<br>わけ | ユウ | ユウ<br>※やさ(しい)<br>※すぐ(れる) | ヨ<br>あず(ける)<br>あず(かる) | ヨウ<br>おさな(い) | ヨク<br>※ほっ(する)<br>※ほ(しい) | ヨク |

6年生

| 乱 | 卵 | 覧 | 裏 | 律 | 臨 | 朗 | 論 |
|---|---|---|---|---|---|---|---|
| ラン<br>みだ(れる)<br>みだ(す) | ※ラン<br>たまご | ラン | ※リ<br>うら | リツ・※リチ | リン<br>※のぞ(む) | ロウ<br>※ほが(らか) | ロン |

### 6年生

| 創 | 装 | 層 | 操 | 蔵 | 臓 | 存 | 尊 |
|---|---|---|---|---|---|---|---|
| ソウ<br>つく(る) | ソウ・※ショウ<br>※よそお(う) | ソウ | ソウ<br>※みさお<br>※あやつ(る) | ゾウ<br>※くら | ゾウ | ソン・ゾン | ソン<br>たっと(い)<br>とうと(い)<br>たっと(ぶ)<br>とうと(ぶ) |

### 6年生

| 退 | 宅 | 担 | 探 | 誕 | 段 | 暖 | 値 |
|---|---|---|---|---|---|---|---|
| タイ<br>しりぞ(く)<br>しりぞ(ける) | タク | タン<br>※かつ(ぐ)<br>※にな(う) | タン<br>さが(す)<br>※さぐ(る) | タン | ダン | ダン<br>あたた(か)<br>あたた(かい)<br>あたた(まる)<br>あたた(める) | チ<br>ね<br>※あたい |

### 6年生

| 宙 | 忠 | 著 | 庁 | 頂 | 腸 | 潮 | 賃 |
|---|---|---|---|---|---|---|---|
| チュウ | チュウ | チョ<br>※あらわ(す)<br>※いちじる(しい) | チョウ | チョウ<br>いただ(く)<br>いただき | チョウ | チョウ<br>しお | チン |

### 6年生

| 痛 | 敵 | 展 | 討 | 党 | 糖 | 届 | 難 |
|---|---|---|---|---|---|---|---|
| ツウ<br>いた(い)<br>いた(む)<br>いた(める) | テキ<br>※かたき | テン | トウ<br>※う(つ) | トウ | トウ | とど(ける)<br>とど(く) | ナン<br>※かた(い)<br>むずか(しい) |

### 6年生

| 乳 | 認 | 納 | 脳 | 派 | 拝 | 背 | 肺 |
|---|---|---|---|---|---|---|---|
| ニュウ<br>ちち・※ち | ※ニン<br>みと(める) | ノウ・※ナッ・※ナ<br>※ナン・※トウ<br>おさ(める)<br>おさ(まる) | ノウ | ハ | ハイ<br>おが(む) | ハイ<br>せ・せい<br>※そむ(く)<br>※そむ(ける) | ハイ |

### 6年生

| 俳 | 班 | 晩 | 否 | 批 | 秘 | 俵 | 腹 |
|---|---|---|---|---|---|---|---|
| ハイ | ハン | バン | ヒ<br>※いな | ヒ | ヒ<br>※ひ(める) | ヒョウ<br>たわら | フク<br>はら |

6年生

| 至 | 私 | 姿 | 視 | 詞 | 誌 | 磁 | 射 |
|---|---|---|---|---|---|---|---|
| シ<br>いた(る) | シ<br>わたくし<br>わたし | シ<br>すがた | シ | シ | シ | ジ | シャ<br>い(る) |

6年生

| 捨 | 尺 | 若 | 樹 | 収 | 宗 | 就 | 衆 |
|---|---|---|---|---|---|---|---|
| シャ<br>す(てる) | シャク | ※ジャク<br>※ニャク<br>わか(い)<br>※も(しくは) | ジュ | シュウ<br>おさ(める)<br>おさ(まる) | シュウ・※ソウ | シュウ<br>※ジュ<br>※つ(く)<br>※つ(ける) | シュウ・※シュ |

6年生

| 従 | 縦 | 縮 | 熟 | 純 | 処 | 署 | 諸 |
|---|---|---|---|---|---|---|---|
| ジュウ<br>※ショウ・※ジュ<br>したが(う)<br>したが(える) | ジュウ<br>たて | シュク<br>ちぢ(む)・ちぢ(まる)<br>ちぢ(める)・ちぢ(れる)<br>ちぢ(らす) | ジュク<br>※う(れる) | ジュン | ショ | ショ | ショ |

6年生

| 除 | 承 | 将 | 傷 | 障 | 蒸 | 針 | 仁 |
|---|---|---|---|---|---|---|---|
| ジョ・※ジ<br>のぞ(く) | ショウ<br>※うけたまわ(る) | ショウ | ショウ<br>きず<br>※いた(む)<br>※いた(める) | ショウ<br>※さわ(る) | ジョウ<br>※む(す)<br>※む(れる)<br>※む(らす) | シン<br>はり | ジン・※ニ |

6年生

| 垂 | 推 | 寸 | 盛 | 聖 | 誠 | 舌 | 宣 |
|---|---|---|---|---|---|---|---|
| スイ<br>た(れる)<br>た(らす) | スイ<br>※お(す) | スン | ※セイ・※ジョウ<br>も(る)<br>※さか(る)<br>※さか(ん) | セイ | セイ<br>※まこと | ※ゼツ<br>した | セン |

6年生

| 専 | 泉 | 洗 | 染 | 銭 | 善 | 奏 | 窓 |
|---|---|---|---|---|---|---|---|
| セン<br>※もっぱ(ら) | セン<br>いずみ | セン<br>あら(う) | ※セン<br>そ(める)<br>そ(まる)<br>※し(みる)<br>※し(み) | セン<br>※ぜに | ゼン<br>よ(い) | ソウ<br>※かな(でる) | ソウ<br>まど |

## 6年生

| 株 | 干 | 巻 | 看 | 簡 | 危 | 机 | 揮 |
|---|---|---|---|---|---|---|---|
| かぶ | カン<br>ほ(す)<br>※ひ(る) | カン<br>ま(く)<br>まき | カン | カン | キ<br>あぶ(ない)<br>※あや(うい)<br>※あや(ぶむ) | ※キ<br>つくえ | キ |

## 6年生

| 貴 | 疑 | 吸 | 供 | 胸 | 郷 | 勤 | 筋 |
|---|---|---|---|---|---|---|---|
| キ<br>※たっと(い)<br>※たっと(ぶ)<br>※とうと(い)<br>※とうと(ぶ) | ギ<br>うたが(う) | キュウ<br>す(う) | キョウ・※ク<br>そな(える)<br>とも | キョウ<br>むね<br>※むな | キョウ・※ゴウ | キン・※ゴン<br>つと(める)<br>つと(まる) | キン<br>すじ |

## 6年生

| 系 | 敬 | 警 | 劇 | 激 | 穴 | 券 | 絹 |
|---|---|---|---|---|---|---|---|
| ケイ | ケイ<br>うやま(う) | ケイ | ゲキ | ゲキ<br>はげ(しい) | ※ケツ<br>あな | ケン | ※ケン<br>きぬ |

## 6年生

| 権 | 憲 | 源 | 厳 | 己 | 呼 | 誤 | 后 |
|---|---|---|---|---|---|---|---|
| ケン・※ゴン | ケン | ゲン<br>みなもと | ゲン・※ゴン<br>きび(しい)<br>※おごそ(か) | コ<br>※キ<br>※おのれ | コ<br>よ(ぶ) | ゴ<br>あやま(る) | コウ |

## 6年生

| 孝 | 皇 | 紅 | 降 | 鋼 | 刻 | 穀 | 骨 |
|---|---|---|---|---|---|---|---|
| コウ | コウ・オウ | コウ・※ク<br>べに<br>※くれない | コウ<br>お(りる)<br>お(ろす)<br>ふ(る) | コウ<br>※はがね | コク<br>きざ(む) | コク | コツ<br>ほね |

## 6年生

| 困 | 砂 | 座 | 済 | 裁 | 策 | 冊 | 蚕 |
|---|---|---|---|---|---|---|---|
| コン<br>こま(る) | サ・※シャ<br>すな | ザ<br>※すわ(る) | サイ<br>す(む)<br>す(ます) | サイ<br>さば(く)<br>※た(つ) | サク | サツ・※サク | サン<br>かいこ |

5年生

| 費 | 備 | 評 | 貧 | 布 | 婦 | 武 | 復 |
|---|---|---|---|---|---|---|---|
| ヒ<br>※つい(やす)<br>※つい(える) | ビ<br>そな(える)<br>そな(わる) | ヒョウ | ※ヒン・ビン<br>まず(しい) | フ<br>ぬの | フ | ブ・ム | フク |

5年生

| 複 | 仏 | 粉 | 編 | 弁 | 保 | 墓 | 報 |
|---|---|---|---|---|---|---|---|
| フタ・フク | ブツ<br>ほとけ | フン<br>こ<br>こな | ヘン<br>あ(む) | ベン | ホ<br>たも(つ) | ボ<br>はか | ホウ<br>※むく(いる) |

5年生

| 豊 | 防 | 貿 | 暴 | 脈 | 務 | 夢 | 迷 |
|---|---|---|---|---|---|---|---|
| ホウ<br>ゆた(か) | ボウ<br>ふせ(ぐ) | ボウ | ボウ・※バク<br>※あば(く)<br>あば(れる) | ミャク | ム<br>つと(める)<br>つと(まる) | ム<br>ゆめ | ※メイ<br>まよ(う) |

5年生

| 綿 | 輸 | 余 | 容 | 略 | 留 | 領 | 歴 |
|---|---|---|---|---|---|---|---|
| メン<br>わた | ユ | ヨ<br>あま(る)<br>あま(す) | ヨウ | リャク | リュウ・※ル<br>と(める)<br>と(まる) | リョウ | レキ |

6年生

| 6年 | 胃 | 異 | 遺 | 域 | 宇 | 映 | 延 |
|---|---|---|---|---|---|---|---|
| | イ | イ<br>こと | イ・※ユイ | イキ | ウ | エイ<br>うつ(る)<br>うつ(す)<br>※は(える) | エン<br>の(びる)<br>の(べる)<br>の(ばす) |

6年生

| 沿 | 恩 | 我 | 灰 | 拡 | 革 | 閣 | 割 |
|---|---|---|---|---|---|---|---|
| エン<br>そ(う) | オン | ※ガ<br>われ<br>※わ | ※カイ<br>はい | カク | カク<br>※かわ | カク | ※カツ<br>わ(る)・わり<br>わ(れる)<br>※さ(く) |

5年生

| 勢 | 精 | 製 | 税 | 責 | 績 | 接 | 設 |
|---|---|---|---|---|---|---|---|
| セイ<br>いきお(い) | セイ・※ショウ | セイ | ゼイ | セキ<br>せ(める) | セキ | セツ<br>※つ(ぐ) | セツ<br>もう(ける) |

5年生

| 絶 | 祖 | 素 | 総 | 造 | 像 | 増 | 則 |
|---|---|---|---|---|---|---|---|
| ゼツ<br>た(える)<br>た(やす)<br>た(つ) | ソ | ソ・※ス | ソウ | ゾウ<br>つく(る) | ゾウ | ゾウ<br>ま(す)<br>ふ(える)<br>ふ(やす) | ソク |

5年生

| 測 | 属 | 率 | 損 | 貸 | 態 | 団 | 断 |
|---|---|---|---|---|---|---|---|
| ソク<br>はか(る) | ゾク | ※ソツ・リツ<br>ひき(いる) | ソン<br>※そこ(なう)<br>※そこ(ねる) | ※タイ<br>か(す) | タイ | ダン・※トン | ダン<br>ことわ(る)<br>※た(つ) |

5年生

| 築 | 貯 | 張 | 停 | 提 | 程 | 適 | 統 |
|---|---|---|---|---|---|---|---|
| チク<br>きず(く) | チョ | チョウ<br>は(る) | テイ | テイ<br>※さ(げる) | テイ<br>※ほど | テキ | トウ<br>※す(べる) |

5年生

| 堂 | 銅 | 導 | 得 | 毒 | 独 | 任 | 燃 |
|---|---|---|---|---|---|---|---|
| ドウ | ドウ | ドウ<br>みちび(く) | トク<br>え(る)<br>※う(る) | ドク | ドク<br>ひと(り) | ニン<br>まか(せる)<br>まか(す) | ネン<br>も(える)<br>も(やす)<br>も(す) |

5年生

| 能 | 破 | 犯 | 判 | 版 | 比 | 肥 | 非 |
|---|---|---|---|---|---|---|---|
| ノウ | ハ<br>やぶ(る)<br>やぶ(れる) | ハン<br>※おか(す) | ハン・バン | ハン | ヒ<br>くら(べる) | ヒ<br>こ(える)・こえ<br>こ(やす)・こ(やし) | ヒ |

5年生

| 告 | 混 | 査 | 再 | 災 | 妻 | 採 | 際 |
|---|---|---|---|---|---|---|---|
| コク<br>つ（げる） | コン<br>ま（じる）・ま（ざる）<br>ま（ぜる）・こ（む） | サ | サイ・サ<br>ふたた（び） | サイ<br>※わざわ（い） | サイ<br>つま | サイ<br>と（る） | サイ<br>※きわ |

5年生

| 在 | 財 | 罪 | 殺 | 雑 | 酸 | 賛 | 士 |
|---|---|---|---|---|---|---|---|
| ザイ<br>あ（る） | ザイ・※サイ | ザイ<br>つみ | サツ・※サイ<br>※セツ<br>ころ（す） | ザツ・ゾウ | サン<br>※す（い） | サン | シ |

5年生

| 支 | 史 | 志 | 枝 | 師 | 資 | 飼 | 示 |
|---|---|---|---|---|---|---|---|
| シ<br>ささ（える） | シ | シ<br>こころざ（す）<br>こころざし | ※シ<br>えだ | シ | シ | シ<br>か（う） | ジ・※シ<br>しめ（す） |

5年生

| 似 | 識 | 質 | 舎 | 謝 | 授 | 修 | 述 |
|---|---|---|---|---|---|---|---|
| ※ジ<br>に（る） | シキ | シツ・※シチ<br>※チ | シャ | シャ<br>※あやま（る） | ジュ<br>※さず（ける）<br>※さず（かる） | シュウ・※シュ<br>おさ（める）<br>おさ（まる） | ジュツ<br>の（べる） |

5年生

| 術 | 準 | 序 | 招 | 証 | 象 | 賞 | 条 |
|---|---|---|---|---|---|---|---|
| ジュツ | ジュン | ジョ | ショウ<br>まね（く） | ショウ | ショウ・ゾウ | ショウ | ジョウ |

5年生

| 状 | 常 | 情 | 織 | 職 | 制 | 性 | 政 |
|---|---|---|---|---|---|---|---|
| ジョウ | ジョウ<br>つね<br>※とこ | ジョウ・※セイ<br>なさ（け） | ※ショク・シキ<br>お（る） | ショク | セイ | セイ・※ショウ | セイ・※ショウ<br>※まつりごと |

## 5年生

| 河 | 過 | 快 | 解 | 格 | 確 | 額 | 刊 |
|---|---|---|---|---|---|---|---|
| カ<br>かわ | カ<br>す(ぎる)<br>す(ごす)<br>※あやま(つ)<br>※あやま(ち) | カイ<br>こころよ(い) | カイ・※ゲ<br>と(く)<br>と(かす)<br>と(ける) | カク・※コウ | カク<br>たし(か)<br>たし(かめる) | ガク<br>ひたい | カン |

## 5年生

| 幹 | 慣 | 眼 | 紀 | 基 | 寄 | 規 | 喜 |
|---|---|---|---|---|---|---|---|
| カン<br>みき | カン<br>な(れる)<br>な(らす) | ガン・※ゲン<br>※まなこ | キ | キ<br>※もと<br>※もとい | キ<br>よ(る)<br>よ(せる) | キ | キ<br>よろこ(ぶ) |

## 5年生

| 技 | 義 | 逆 | 久 | 旧 | 救 | 居 | 許 |
|---|---|---|---|---|---|---|---|
| ギ<br>※わざ | ギ | ギャク<br>さか<br>さか(らう) | キュウ<br>※ク<br>ひさ(しい) | キュウ | キュウ<br>すく(う) | キョ<br>い(る) | キョ<br>ゆる(す) |

## 5年生

| 境 | 均 | 禁 | 句 | 型 | 経 | 潔 | 件 |
|---|---|---|---|---|---|---|---|
| キョウ・※ケイ<br>さかい | キン | キン | ク | ケイ<br>かた | ケイ・※キョウ<br>へ(る) | ケツ<br>※いさぎよ(い) | ケン |

## 5年生

| 険 | 検 | 限 | 現 | 減 | 故 | 個 | 護 |
|---|---|---|---|---|---|---|---|
| ケン<br>けわ(しい) | ケン | ゲン<br>かぎ(る) | ゲン<br>あらわ(れる)<br>あらわ(す) | ゲン<br>へ(る)<br>へ(らす) | コ<br>※ゆえ | コ | ゴ |

## 5年生

| 効 | 厚 | 耕 | 航 | 鉱 | 構 | 興 | 講 |
|---|---|---|---|---|---|---|---|
| コウ<br>き(く) | ※コウ<br>あつ(い) | コウ<br>たがや(す) | コウ | コウ | コウ<br>かま(える)<br>かま(う) | コウ・キョウ<br>※おこ(る)<br>※おこ(す) | コウ |

4年生

| 変 | 便 | 包 | 法 | 望 | 牧 | 末 | 満 |
|---|---|---|---|---|---|---|---|
| ヘン<br>か(わる)<br>か(える) | ベン・ビン<br>たよ(り) | ホウ<br>つつ(む) | ホウ・※ハッ<br>※ホッ | ボウ・※モウ<br>のぞ(む) | ボク<br>※まき | マツ・※バツ<br>すえ | マン<br>み(ちる)<br>み(たす) |

4年生

| 未 | 民 | 無 | 約 | 勇 | 要 | 養 | 浴 |
|---|---|---|---|---|---|---|---|
| ミ | ミン<br>※たみ | ム・ブ<br>な(い) | ヤク | ユウ<br>いさ(む) | ヨウ<br>※い(る)<br>かなめ | ヨウ<br>やしな(う) | ヨク<br>あ(びる)<br>あ(びせる) |

4年生

| 利 | 陸 | 良 | 料 | 量 | 輪 | 類 | 令 |
|---|---|---|---|---|---|---|---|
| リ<br>※き(く) | リク | リョウ<br>よ(い) | リョウ | リョウ<br>はか(る) | リン<br>わ | ルイ<br>たぐ(い) | レイ |

4年生 / 5年生

| 冷 | 例 | 連 | 老 | 労 | 録 | 5年 | 圧 |
|---|---|---|---|---|---|---|---|
| レイ<br>つめ(たい)・ひ(える)<br>ひ(や)・ひ(やす)<br>ひ(やかす)・さ(める)<br>さ(ます) | レイ<br>たと(える) | レン<br>つら(なる)<br>つら(ねる)<br>つ(れる) | ロウ<br>お(いる)<br>※ふ(ける) | ロウ | ロク | | アツ |

5年生

| 囲 | 移 | 因 | 永 | 営 | 衛 | 易 | 益 |
|---|---|---|---|---|---|---|---|
| イ<br>かこ(む)<br>かこ(う) | イ<br>うつ(る)<br>うつ(す) | イン<br>※よ(る) | エイ<br>なが(い) | エイ<br>いとな(む) | エイ | エキ・イ<br>やさ(しい) | エキ・※ヤク |

5年生

| 液 | 演 | 応 | 往 | 桜 | 可 | 仮 | 価 |
|---|---|---|---|---|---|---|---|
| エキ | エン | オウ<br>こた(える) | オウ | ※オウ<br>さくら | カ | カ・※ケ<br>かり | カ<br>※あたい |

## 4年生

| 束 | 側 | 続 | 卒 | 孫 | 帯 | 隊 | 達 |
|---|---|---|---|---|---|---|---|
| ソク<br>たば | ソク<br>がわ | ゾク<br>つづ(く)<br>つづ(ける) | ソツ | ソン<br>まご | タイ<br>お(びる)<br>おび | タイ | タツ |

## 4年生

| 単 | 置 | 仲 | 沖 | 兆 | 低 | 底 | 的 |
|---|---|---|---|---|---|---|---|
| タン | チ<br>お(く) | ※チュウ<br>なか | ※チュウ<br>なか | チョウ<br>※きざ(す)<br>※きざ(し) | テイ<br>ひく(い)<br>ひく(める)<br>ひく(まる) | テイ<br>そこ | テキ<br>まと |

## 4年生

| 典 | 伝 | 徒 | 努 | 灯 | 働 | 特 | 徳 |
|---|---|---|---|---|---|---|---|
| テン | デン<br>つた(わる)<br>つた(える)<br>つた(う) | ト | ド<br>つと(める) | トウ<br>※ひ | ドウ<br>はたら(く) | トク | トク |

## 4年生

| 栃 | 奈 | 梨 | 熱 | 念 | 敗 | 梅 | 博 |
|---|---|---|---|---|---|---|---|
| とち | ナ | なし | ネツ<br>あつ(い) | ネン | ハイ<br>やぶ(れる) | バイ<br>うめ | ハク・※バク |

## 4年生

| 阪 | 飯 | 飛 | 必 | 票 | 標 | 不 | 夫 |
|---|---|---|---|---|---|---|---|
| ※ハン | ハン<br>めし | ヒ<br>と(ぶ)<br>と(ばす) | ヒツ<br>かなら(ず) | ヒョウ | ヒョウ | フ・ブ | フ・※フウ<br>おっと |

## 4年生

| 付 | 府 | 阜 | 富 | 副 | 兵 | 別 | 辺 |
|---|---|---|---|---|---|---|---|
| フ<br>つ(ける)<br>つ(く) | フ | フ | フ・※フウ<br>と(む)<br>とみ | フク | ヘイ・※ヒョウ | ベツ<br>わか(れる) | ヘン<br>あた(り)<br>べ |

4年生

| 札 | 刷 | 察 | 参 | 産 | 散 | 残 | 氏 |
|---|---|---|---|---|---|---|---|
| サツ<br>ふだ | サツ<br>す(る) | サツ | サン<br>まい(る) | サン<br>う(む)<br>う(まれる)<br>※うぶ | サン<br>ち(る)・ち(らす)<br>ち(らかす)<br>ち(らかる) | ザン<br>のこ(る)<br>のこ(す) | シ<br>※うじ |

4年生

| 司 | 試 | 児 | 治 | 滋 | 辞 | 鹿 | 失 |
|---|---|---|---|---|---|---|---|
| シ | シ<br>こころ(みる)<br>※ため(す) | ジ・※ニ | ジ・チ<br>おさ(める)<br>おさ(まる)<br>なお(る)<br>なお(す) | ※ジ | ジ<br>※や(める) | しか・か | シツ<br>うしな(う) |

4年生

| 借 | 種 | 周 | 祝 | 順 | 初 | 松 | 笑 |
|---|---|---|---|---|---|---|---|
| シャク<br>か(りる) | シュ<br>たね | シュウ<br>まわ(り) | シュク<br>※シュウ<br>いわ(う) | ジュン | ショ<br>はじ(め)<br>はじ(めて)<br>はつ<br>※うい・※そ(める) | ショウ<br>まつ | ※ショウ<br>わら(う)<br>※え(む) |

4年生

| 唱 | 焼 | 照 | 城 | 縄 | 臣 | 信 | 井 |
|---|---|---|---|---|---|---|---|
| ショウ<br>とな(える) | ※ショウ<br>や(く)<br>や(ける) | ショウ<br>て(る)<br>て(らす)<br>て(れる) | ジョウ<br>しろ | ※ジョウ<br>なわ | シン・ジン | シン | ※セイ・ショウ<br>い |

4年生

| 成 | 省 | 清 | 静 | 席 | 積 | 折 | 節 |
|---|---|---|---|---|---|---|---|
| セイ・※ジョウ<br>な(る)<br>な(す) | セイ・ショウ<br>※かえり(みる)<br>はぶ(く) | セイ・※ショウ<br>きよ(い)<br>きよ(まる)<br>きよ(める) | セイ・※ジョウ<br>しず<br>しず(か)<br>しず(まる)<br>しず(める) | セキ | セキ<br>つ(む)<br>つ(もる) | セツ<br>お(る)・おり・<br>お(れる) | セツ・※セチ<br>ふし |

4年生

| 説 | 浅 | 戦 | 選 | 然 | 争 | 倉 | 巣 |
|---|---|---|---|---|---|---|---|
| セツ・※ゼイ<br>と(く) | ※セン<br>あさ(い) | セン<br>たたか(う)<br>※いくさ | セン<br>えら(ぶ) | ゼン・ネン | ソウ<br>あらそ(う) | ソウ<br>くら | ※ソウ<br>す |

4年生

| 管 | 関 | 観 | 願 | 岐 | 希 | 季 | 旗 |
|---|---|---|---|---|---|---|---|
| カン<br>くだ | カン<br>せき<br>かか(わる) | カン | ガン<br>ねが(う) | ※キ | キ | キ | キ<br>はた |

4年生

| 器 | 機 | 議 | 求 | 泣 | 給 | 挙 | 漁 |
|---|---|---|---|---|---|---|---|
| キ<br>※うつわ | キ<br>※はた | ギ | キュウ<br>もと(める) | ※キュウ<br>な(く) | キュウ | キョ<br>あ(げる)<br>あ(がる) | ギョ・リョウ |

4年生

| 共 | 協 | 鏡 | 競 | 極 | 熊 | 訓 | 軍 |
|---|---|---|---|---|---|---|---|
| キョウ<br>とも | キョウ | キョウ<br>かがみ | キョウ・ケイ<br>※きそ(う)<br>※せ(る) | キョク・※ゴク<br>※きわ(める)<br>※きわ(まる)<br>※きわ(み) | くま | クン | グン |

4年生

| 郡 | 群 | 径 | 景 | 芸 | 欠 | 結 | 建 |
|---|---|---|---|---|---|---|---|
| グン | グン<br>む(れる)<br>む(れ)<br>むら | ケイ | ケイ | ゲイ | ケツ<br>か(ける)<br>か(く) | ケツ<br>むす(ぶ)<br>※ゆ(う)<br>※ゆ(わえる) | ケン・※コン<br>た(てる)<br>た(つ) |

4年生

| 健 | 験 | 固 | 功 | 好 | 香 | 候 | 康 |
|---|---|---|---|---|---|---|---|
| ケン<br>※すこ(やか) | ケン・※ゲン | コ<br>かた(める)<br>かた(まる)<br>かた(い) | コウ・※ク | コウ<br>この(む)<br>す(く) | ※コウ・キョウ<br>か<br>かお(り)<br>かお(る) | コウ<br>※そうろう | コウ |

4年生

| 佐 | 差 | 菜 | 最 | 埼 | 材 | 崎 | 昨 |
|---|---|---|---|---|---|---|---|
| サ | サ<br>さ(す) | サイ<br>な | サイ<br>もっと(も) | さい | ザイ | さき | サク |

3年生

| 油 | 有 | 遊 | 予 | 羊 | 洋 | 葉 | 陽 |
|---|---|---|---|---|---|---|---|
| ユ<br>あぶら | ユウ・※ウ<br>あ(る) | ユウ・※ユ<br>あそ(ぶ) | ヨ | ヨウ<br>ひつじ | ヨウ | ヨウ<br>は | ヨウ |

3年生

| 様 | 落 | 流 | 旅 | 両 | 緑 | 礼 | 列 |
|---|---|---|---|---|---|---|---|
| ヨウ<br>さま | ラク<br>お(ちる)<br>お(とす) | リュウ・※ル<br>なが(れる)<br>なが(す) | リョ<br>たび | リョウ | リョク・※ロク<br>みどり | レイ・※ライ | レツ |

3年生　　　　4年生

| 練 | 路 | 和 | 4年 | 愛 | 案 | 以 | 衣 |
|---|---|---|---|---|---|---|---|
| レン<br>ね(る) | ロ<br>じ | ワ・※オ<br>※やわ(らぐ)<br>※やわ(らげる)<br>※なご(む)<br>※なご(やか) | | アイ | アン | イ | イ<br>※ころも |

4年生

| 位 | 茨 | 印 | 英 | 栄 | 媛 | 塩 | 岡 |
|---|---|---|---|---|---|---|---|
| イ<br>くらい | いばら | イン<br>しるし | エイ | エイ<br>さか(える)<br>※は(え)<br>※は(える) | ※エン | エン<br>しお | おか |

4年生

| 億 | 加 | 果 | 貨 | 課 | 芽 | 賀 | 改 |
|---|---|---|---|---|---|---|---|
| オク | カ<br>くわ(える)<br>くわ(わる) | カ<br>は(たす)<br>は(てる)<br>は(て) | カ | カ | ガ<br>め | ガ | カイ<br>あらた(める)<br>あらた(まる) |

4年生

| 械 | 害 | 街 | 各 | 覚 | 潟 | 完 | 官 |
|---|---|---|---|---|---|---|---|
| カイ | ガイ | ガイ・※カイ<br>まち | カク<br>※おのおの | カク<br>おぼ(える)<br>さ(ます)<br>さ(める) | かた | カン | カン |

## 3年生

| 鉄 | 転 | 都 | 度 | 投 | 豆 | 島 | 湯 |
|---|---|---|---|---|---|---|---|
| テツ | テン<br>ころ(がる)<br>ころ(げる)<br>ころ(がす)<br>ころ(ぶ) | ト・ツ<br>みやこ | ド・※ト<br>※タク<br>※たび | トウ<br>な(げる) | トウ・※ズ<br>まめ | トウ<br>しま | トウ<br>ゆ |

## 3年生

| 登 | 等 | 動 | 童 | 農 | 波 | 配 | 倍 |
|---|---|---|---|---|---|---|---|
| トウ・ト<br>のぼ(る) | トウ<br>ひと(しい) | ドウ<br>うご(く)<br>うご(かす) | ドウ<br>※わらべ | ノウ | ハ<br>なみ | ハイ<br>くば(る) | バイ |

## 3年生

| 箱 | 畑 | 発 | 反 | 坂 | 板 | 皮 | 悲 |
|---|---|---|---|---|---|---|---|
| はこ | はた<br>はたけ | ハツ・※ホツ | ハン・※ホン<br>※タン<br>そ(る)<br>そ(らす) | ※ハン<br>さか | ハン・バン<br>いた | ヒ<br>かわ | ヒ<br>かな(しい)<br>かな(しむ) |

## 3年生

| 美 | 鼻 | 筆 | 氷 | 表 | 秒 | 病 | 品 |
|---|---|---|---|---|---|---|---|
| ビ<br>うつく(しい) | ※ビ<br>はな | ヒツ<br>ふで | ヒョウ<br>こおり<br>※ひ | ヒョウ<br>おもて<br>あらわ(す)<br>あらわ(れる) | ビョウ | ビョウ・※ヘイ<br>※や(む)<br>やまい | ヒン<br>しな |

## 3年生

| 負 | 部 | 服 | 福 | 物 | 平 | 返 | 勉 |
|---|---|---|---|---|---|---|---|
| フ<br>ま(ける)<br>ま(かす)<br>お(う) | ブ | フク | フク | ブツ・モツ<br>もの | ヘイ・ビョウ<br>たい(ら)<br>ひら | ヘン<br>かえ(す)<br>かえ(る) | ベン |

## 3年生

| 放 | 味 | 命 | 面 | 問 | 役 | 薬 | 由 |
|---|---|---|---|---|---|---|---|
| ホウ<br>はな(す)<br>はな(つ)<br>はな(れる)<br>ほう(る) | ミ<br>あじ<br>あじ(わう) | メイ・※ミョウ<br>いのち | メン<br>※おも<br>※おもて<br>※つら | モン<br>と(う)<br>と(い)<br>※とん | ヤク・※エキ | ヤク<br>くすり | ユ・ユウ<br>※ユイ<br>※よし |

### 3年生

| 重 | 宿 | 所 | 暑 | 助 | 昭 | 消 | 商 |
|---|---|---|---|---|---|---|---|
| ジュウ・チョウ<br>おも(い)・※え<br>かさ(ねる)<br>かさ(なる) | シュク<br>やど<br>やど(る)<br>やど(す) | ショ<br>ところ | ショ<br>あつ(い) | ジョ<br>たす(ける)<br>たす(かる)<br>※すけ | ショウ | ショウ<br>き(える)<br>け(す) | ショウ<br>※あきな(う) |

### 3年生

| 章 | 勝 | 乗 | 植 | 申 | 身 | 神 | 真 |
|---|---|---|---|---|---|---|---|
| ショウ | ショウ<br>か(つ)<br>※まさ(る) | ジョウ<br>の(る)<br>の(せる) | ショク<br>う(える)<br>う(わる) | ※シン<br>もう(す) | シン<br>み | シン・ジン<br>かみ<br>※かん<br>※こう | シン<br>ま |

### 3年生

| 深 | 進 | 世 | 整 | 昔 | 全 | 相 | 送 |
|---|---|---|---|---|---|---|---|
| シン<br>ふか(い)<br>ふか(まる)<br>ふか(める) | シン<br>すす(む)<br>すす(める) | セイ・セ<br>よ | セイ<br>ととの(える)<br>ととの(う) | ※セキ・※シャク<br>むかし | ゼン<br>まった(く)<br>すべ(て) | ソウ・※ショウ<br>あい | ソウ<br>おく(る) |

### 3年生

| 想 | 息 | 速 | 族 | 他 | 打 | 対 | 待 |
|---|---|---|---|---|---|---|---|
| ソウ・※ソ | ソク<br>いき | ソク<br>はや(い)<br>はや(める)<br>はや(まる)<br>※すみ(やか) | ゾク | タ<br>ほか | ダ<br>う(つ) | タイ・※ツイ | タイ<br>ま(つ) |

### 3年生

| 代 | 第 | 題 | 炭 | 短 | 談 | 着 | 注 |
|---|---|---|---|---|---|---|---|
| ダイ・タイ<br>か(わる)<br>か(える)・よ<br>※しろ | ダイ | ダイ | タン<br>すみ | タン<br>みじか(い) | ダン | チャク・※ジャク<br>き(る)<br>き(せる)<br>つ(く)<br>つ(ける) | チュウ<br>そそ(ぐ) |

### 3年生

| 柱 | 丁 | 帳 | 調 | 追 | 定 | 庭 | 笛 |
|---|---|---|---|---|---|---|---|
| チュウ<br>はしら | チョウ<br>※テイ | チョウ | チョウ<br>しら(べる)<br>※ととの(う)<br>※ととの(える) | ツイ<br>お(う) | テイ・ジョウ<br>さだ(める)<br>さだ(まる)<br>※さだ(か) | テイ<br>にわ | テキ<br>ふえ |

## 3年生

| 業 | 曲 | 局 | 銀 | 区 | 苦 | 具 | 君 |
|---|---|---|---|---|---|---|---|
| ギョウ・※ゴウ<br>※わざ | キョク<br>ま(がる)<br>ま(げる) | キョク | ギン | ク | ク<br>くる(しい)・くる(しむ)<br>くる(しめる)<br>にが(い)・にが(る) | グ | クン<br>きみ |

## 3年生

| 係 | 軽 | 血 | 決 | 研 | 県 | 庫 | 湖 |
|---|---|---|---|---|---|---|---|
| ケイ<br>かか(る)<br>かかり | ケイ<br>かる(い)<br>※かろ(やか) | ケツ<br>ち | ケツ<br>き(める)<br>き(まる) | ケン<br>※と(ぐ) | ケン | コ・※ク | コ<br>みずうみ |

## 3年生

| 向 | 幸 | 港 | 号 | 根 | 祭 | 皿 | 仕 |
|---|---|---|---|---|---|---|---|
| コウ<br>む(く)・む(ける)<br>む(かう)・む(こう) | コウ<br>さいわ(い)<br>※さち<br>しあわ(せ) | コウ<br>みなと | ゴウ | コン<br>ね | サイ<br>まつ(る)<br>まつ(り) | さら | シ・※ジ<br>つか(える) |

## 3年生

| 死 | 使 | 始 | 指 | 歯 | 詩 | 次 | 事 |
|---|---|---|---|---|---|---|---|
| シ<br>し(ぬ) | シ<br>つか(う) | シ<br>はじ(める)<br>はじ(まる) | シ<br>ゆび・さ(す) | シ<br>は | シ | ジ・※ジ<br>つ(ぐ)<br>つぎ | ジ・※ズ<br>こと |

## 3年生

| 持 | 式 | 実 | 写 | 者 | 主 | 守 | 取 |
|---|---|---|---|---|---|---|---|
| ジ<br>も(つ) | シキ | ジツ<br>み<br>みの(る) | シャ<br>うつ(す)<br>うつ(る) | シャ<br>もの | シュ・※ス<br>ぬし<br>おも | シュ・※ス<br>まも(る)<br>※も(り) | シュ<br>と(る) |

## 3年生

| 酒 | 受 | 州 | 拾 | 終 | 習 | 集 | 住 |
|---|---|---|---|---|---|---|---|
| シュ<br>さけ<br>※さか | ジュ<br>う(ける)<br>う(かる) | シュウ<br>※す | ※シュウ<br>※ジュウ<br>ひろ(う) | シュウ<br>お(わる)<br>お(える) | シュウ<br>なら(う) | シュウ<br>あつ(まる)<br>あつ(める)<br>※つど(う) | ジュウ<br>す(む)<br>す(まう) |

2年生

| | | | | | | | |
|---|---|---|---|---|---|---|---|
| 門 | 夜 | 野 | 友 | 用 | 曜 | 来 | 里 |
| モン<br>※かど | ヤ<br>よ・よる | ヤ<br>の | ユウ<br>とも | ヨウ<br>もち(いる) | ヨウ | ライ<br>く(る)<br>※きた(る)<br>※きた(す) | リ<br>さと |

2年生 3年生

| | | | | | | | |
|---|---|---|---|---|---|---|---|
| 理 | 話 | **3年** | 悪 | 安 | 暗 | 医 | 委 |
| リ | ワ<br>はな(す)<br>はなし | | アク・※オ<br>わる(い) | アン<br>やす(い) | アン<br>くら(い) | イ | イ<br>ゆだ(ねる) |

3年生

| | | | | | | | |
|---|---|---|---|---|---|---|---|
| 意 | 育 | 員 | 院 | 飲 | 運 | 泳 | 駅 |
| イ | イク<br>そだ(つ)<br>そだ(てる)<br>はぐく(む) | イン | イン | イン<br>の(む) | ウン<br>はこ(ぶ) | エイ<br>およ(ぐ) | エキ |

3年生

| | | | | | | | |
|---|---|---|---|---|---|---|---|
| 央 | 横 | 屋 | 温 | 化 | 荷 | 界 | 開 |
| オウ | オウ<br>よこ | オク<br>や | オン<br>あたた(か)<br>あたた(かい)<br>あたた(まる)<br>あたた(める) | カ・※ケ<br>ば(ける)<br>ば(かす) | ※カ<br>に | カイ | カイ<br>ひら(く)<br>ひら(ける)<br>あ(く)<br>あ(ける) |

3年生

| | | | | | | | |
|---|---|---|---|---|---|---|---|
| 階 | 寒 | 感 | 漢 | 館 | 岸 | 起 | 期 |
| カイ | カン<br>さむ(い) | カン | カン | カン<br>やかた | ガン<br>きし | キ<br>お(きる)<br>お(こる)<br>お(こす) | キ・※ゴ |

3年生

| | | | | | | | |
|---|---|---|---|---|---|---|---|
| 客 | 究 | 急 | 級 | 宮 | 球 | 去 | 橋 |
| キャク・※カク | キュウ<br>※きわ(める) | キュウ<br>いそ(ぐ) | キュウ | キュウ・※グウ<br>※ク<br>みや | キュウ<br>たま | キョ・コ<br>さ(る) | キョウ<br>はし |

2年生

| 台 | 地 | 池 | 知 | 茶 | 昼 | 長 | 鳥 |
|---|---|---|---|---|---|---|---|
| ダイ・タイ | チ・ジ | チ<br>いけ | チ<br>し(る) | チャ・※サ | チュウ<br>ひる | チョウ<br>なが(い) | チョウ<br>とり |

2年生

| 朝 | 直 | 通 | 弟 | 店 | 点 | 電 | 刀 |
|---|---|---|---|---|---|---|---|
| チョウ<br>あさ | チョク・ジキ<br>ただ(ちに)<br>なお(す)<br>なお(る) | ツウ・※ツ<br>とお(る)<br>とお(す)<br>かよ(う) | ※テイ・ダイ<br>※デ<br>おとうと | テン<br>みせ | テン | デン | トウ<br>かたな |

2年生

| 冬 | 当 | 東 | 答 | 頭 | 同 | 道 | 読 |
|---|---|---|---|---|---|---|---|
| トウ<br>ふゆ | トウ<br>あ(たる)<br>あ(てる) | トウ<br>ひがし | トウ<br>こた(える)<br>こた(え) | トウ・ズ・※ト<br>あたま<br>※かしら | ドウ<br>おな(じ) | ドウ・※トウ<br>みち | ドク・トク<br>トウ<br>よ(む) |

2年生

| 内 | 南 | 肉 | 馬 | 売 | 買 | 麦 | 半 |
|---|---|---|---|---|---|---|---|
| ナイ・※ダイ<br>うち | ナン・※ナ<br>みなみ | ニク | バ<br>うま<br>※ま | バイ<br>う(る)<br>う(れる) | バイ<br>か(う) | ※バク<br>むぎ | ハン<br>なか(ば) |

2年生

| 番 | 父 | 風 | 分 | 聞 | 米 | 歩 | 母 |
|---|---|---|---|---|---|---|---|
| バン | フ<br>ちち | フウ・※フ<br>かぜ<br>※かざ | ブン・フン・ブ<br>わ(ける)<br>わ(かれる)<br>わ(かる)<br>わ(かつ) | ブン・※モン<br>き(く)<br>き(こえる) | ベイ・マイ<br>こめ | ホ・※ブ・※フ<br>ある(く)<br>あゆ(む) | ボ<br>はは |

2年生

| 方 | 北 | 毎 | 妹 | 万 | 明 | 鳴 | 毛 |
|---|---|---|---|---|---|---|---|
| ホウ<br>かた | ホク<br>きた | マイ | ※マイ<br>いもうと | マン<br>※バン | メイ・ミョウ<br>あ(かり)・あか(るい)<br>あか(るむ)・あか(らむ)<br>あき(らか)・あ(ける)<br>あ(く)・あ(くる)<br>あ(かす) | メイ<br>な(く)<br>な(る)<br>な(らす) | モウ<br>け |

**2年生**

| 谷 | 国 | 黒 | 今 | 才 | 細 | 作 | 算 |
|---|---|---|---|---|---|---|---|
| ※コク<br>たに | コク<br>くに | コク<br>くろ<br>くろ(い) | コン・※キン<br>いま | サイ | サイ<br>ほそ(い)<br>ほそ(る)<br>こま(か)<br>こま(かい) | サク・サ<br>つく(る) | サン |

**2年生**

| 止 | 市 | 矢 | 姉 | 思 | 紙 | 寺 | 自 |
|---|---|---|---|---|---|---|---|
| シ<br>と(まる)<br>と(める) | シ<br>いち | ※シ<br>や | ※シ<br>あね | シ<br>おも(う) | シ<br>かみ | ジ<br>てら | ジ・シ<br>みずか(ら) |

**2年生**

| 時 | 室 | 社 | 弱 | 首 | 秋 | 週 | 春 |
|---|---|---|---|---|---|---|---|
| ジ<br>とき | シツ<br>※むろ | シャ<br>やしろ | ジャク<br>よわ(い)<br>よわ(る)<br>よわ(まる)<br>よわ(める) | シュ<br>くび | シュウ<br>あき | シュウ | シュン<br>はる |

**2年生**

| 書 | 少 | 場 | 色 | 食 | 心 | 新 | 親 |
|---|---|---|---|---|---|---|---|
| ショ<br>か(く) | ショウ<br>すく(ない)<br>すこ(し) | ジョウ<br>ば | ショク・シキ<br>いろ | ショク・※ジキ<br>く(う)<br>※く(らう)<br>た(べる) | シン<br>こころ | シン<br>あたら(しい)<br>あら(た)<br>※にい | シン<br>おや<br>した(しい)<br>した(しむ) |

**2年生**

| 図 | 数 | 西 | 声 | 星 | 晴 | 切 | 雪 |
|---|---|---|---|---|---|---|---|
| ズ・ト<br>※はか(る) | スウ・※ス<br>かず<br>かぞ(える) | セイ・サイ<br>にし | セイ・※ショウ<br>こえ<br>※こわ | セイ・※ショウ<br>ほし | セイ<br>は(れる)<br>は(らす) | セツ・※サイ<br>き(る)<br>き(れる) | セツ<br>ゆき |

**2年生**

| 船 | 線 | 前 | 組 | 走 | 多 | 太 | 体 |
|---|---|---|---|---|---|---|---|
| セン<br>ふね<br>ふな | セン | ゼン<br>まえ | ソ<br>く(む)<br>くみ | ソウ<br>はし(る) | タ<br>おお(い) | タイ・タ<br>ふと(い)<br>ふと(る) | タイ・※テイ<br>からだ |

2年生

| 科 | 夏 | 家 | 歌 | 画 | 回 | 会 | 海 |
|---|---|---|---|---|---|---|---|
| カ | カ・※(ゲ)<br>なつ | カ・ケ<br>いえ<br>や | カ<br>うた<br>うた(う) | ガ・カク | カイ・※エ<br>まわ(る)<br>まわ(す) | カイ・※エ<br>あ(う) | カイ<br>うみ |

2年生

| 絵 | 外 | 角 | 楽 | 活 | 間 | 丸 | 岩 |
|---|---|---|---|---|---|---|---|
| カイ・エ | ガイ・※ゲ<br>そと・ほか<br>はず(す)<br>はず(れる) | カク<br>かど・つの | ガク・ラク<br>たの(しい)<br>たの(しむ) | カツ | カン・ケン<br>あいだ<br>ま | ガン<br>まる<br>まる(い)<br>まる(める) | ガン<br>いわ |

2年生

| 顔 | 汽 | 記 | 帰 | 弓 | 牛 | 魚 | 京 |
|---|---|---|---|---|---|---|---|
| ガン<br>かお | キ | キ<br>しる(す) | キ<br>かえ(る)<br>かえ(す) | ※キュウ<br>ゆみ | ギュウ<br>うし | ギョ<br>うお<br>さかな | キョウ・※ケイ |

2年生

| 強 | 教 | 近 | 兄 | 形 | 計 | 元 | 言 |
|---|---|---|---|---|---|---|---|
| キョウ・※ゴウ<br>つよ(い)<br>つよ(まる)<br>つよ(める)<br>※し(いる) | キョウ<br>おし(える)<br>おそ(わる) | キン<br>ちか(い) | ※ケイ<br>※キョウ<br>あに | ケイ・ギョウ<br>かた<br>かたち | ケイ<br>はか(る)<br>はか(らう) | ゲン・ガン<br>もと | ゲン・ゴン<br>い(う)<br>こと |

2年生

| 原 | 戸 | 古 | 午 | 後 | 語 | 工 | 公 |
|---|---|---|---|---|---|---|---|
| ゲン<br>はら | コ<br>と | コ<br>ふる(い)<br>ふる(す) | ゴ | ゴ・コウ<br>のち・うし(ろ)<br>あと<br>※おく(れる) | ゴ<br>かた(る)<br>かた(らう) | コウ・ク | コウ<br>※おおやけ |

2年生

| 広 | 交 | 光 | 考 | 行 | 高 | 黄 | 合 |
|---|---|---|---|---|---|---|---|
| コウ<br>ひろ(い)・ひろ(まる)<br>ひろ(める)・ひろ(がる)<br>ひろ(げる) | コウ<br>まじ(わる)・まじ(える)<br>ま(じる)・ま(ざる)<br>ま(ぜる)・※か(う)<br>※か(わす) | コウ<br>ひか(る)<br>ひかり | コウ<br>かんが(える) | コウ・ギョウ<br>※アン<br>い(く)・ゆ(く)<br>おこな(う) | コウ<br>たか(い)・たか<br>たか(まる)<br>たか(める) | オウ・※コウ<br>き<br>※こ | ゴウ・ガッ・※カッ<br>あ(う)<br>あ(わす)<br>あ(わせる) |

1年生

| 森 | 人 | 水 | 正 | 生 | 青 | 夕 | 石 |
|---|---|---|---|---|---|---|---|
| シン<br>もり | ジン・ニン<br>ひと | スイ<br>みず | セイ・ショウ<br>ただ(しい)<br>ただ(す)<br>まさ | セイ・ショウ<br>い(きる)・い(かす)<br>い(ける)・う(まれる)<br>・う(む)・※お(う)<br>は(える)・は(やす)<br>・なま・※き | セイ・※ショウ<br>あお<br>あお(い) | ※セキ<br>ゆう | セキ・シャク<br>※コク<br>いし |

1年生

| 赤 | 千 | 川 | 先 | 早 | 草 | 足 | 村 |
|---|---|---|---|---|---|---|---|
| セキ・※シャク<br>あか・あか(い)<br>あか(らむ)<br>あか(らめる) | セン<br>ち | ※セン<br>かわ | セン<br>さき | ソウ・※サッ<br>はや(い)<br>はや(まる)<br>はや(める) | ソウ<br>くさ | ソク<br>あし・た(りる)<br>た(る)・た(す) | ソン<br>むら |

1年生

| 大 | 男 | 竹 | 中 | 虫 | 町 | 天 | 田 |
|---|---|---|---|---|---|---|---|
| ダイ・タイ<br>おお<br>おお(きい)<br>おお(いに) | ダン・ナン<br>おとこ | チク<br>たけ | チュウ<br>※ジュウ<br>なか | チュウ<br>むし | チョウ<br>まち | テン<br>※あま<br>※あめ | デン<br>た |

1年生

| 土 | 二 | 日 | 入 | 年 | 白 | 八 | 百 |
|---|---|---|---|---|---|---|---|
| ド・ト<br>つち | ニ<br>ふた・ふた(つ) | ニチ・ジツ<br>ひ<br>か | ニュウ<br>い(る)<br>い(れる)<br>はい(る) | ネン<br>とし | ハク・※ビャク<br>しろ<br>しろ(い)<br>しら | ハチ<br>や・や(つ)<br>やっ(つ)<br>※よう | ヒャク |

1年生

| 文 | 木 | 本 | 名 | 目 | 立 | 力 | 林 |
|---|---|---|---|---|---|---|---|
| ブン・モン<br>※ふみ | ボク・モク<br>き<br>※こ | ホン<br>もと | メイ・ミョウ<br>な | モク・※ボク<br>め<br>※ま | リツ・※リュウ<br>た(つ)<br>た(てる) | リョク・リキ<br>ちから | リン<br>はやし |

1年生 / 2年生

| 六 | 2年 | 引 | 羽 | 雲 | 園 | 遠 | 何 |
|---|---|---|---|---|---|---|---|
| ロク<br>む・む(つ)<br>むっ(つ)<br>※むい | | イン<br>ひ(く)<br>ひ(ける) | ※ウ<br>は・はね | ウン<br>くも | エン<br>※その | エン・※オン<br>とお(い) | ※カ<br>なに<br>※なん |

学年順《じゅん》

# 小学校で習《なら》う漢字《かんじ》1026字

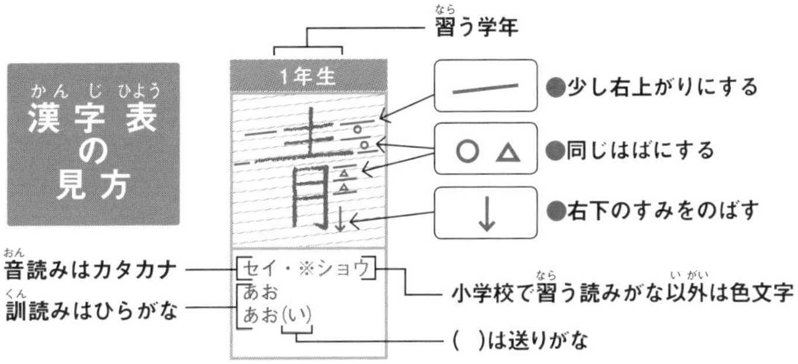
漢字表《かんじひょう》の見方
習《なら》う学年
1年生
青
セイ・※ショウ
あお
あお(い)
●少し右上がりにする
●同じはばにする
●右下のすみをのばす
音《おん》読みはカタカナ
訓《くん》読みはひらがな
小学校で習《なら》う読みがな以外《いがい》は色文字
( )は送りがな

## 1年生

| 1年 | 一 | 右 | 雨 | 円 | 王 | 音 | 下 |
|---|---|---|---|---|---|---|---|
| | イチ・イツ<br>ひと<br>ひと(つ) | ウ・ユウ<br>みぎ | ウ<br>あめ<br>※あま | エン<br>まる(い) | オウ | オン・※イン<br>おと<br>ね | カ・ゲ<br>した・しも・※もと<br>さ(げる)・さ(がる)<br>くだ(る)・くだ(す)<br>くだ(さる)・お(ろす)<br>お(りる) |

## 1年生

| 火 | 花 | 貝 | 学 | 気 | 九 | 休 | 玉 |
|---|---|---|---|---|---|---|---|
| カ<br>ひ<br>※ほ | カ<br>はな | かい | ガク<br>まな(ぶ) | キ・ケ | キュウ・ク<br>ここの<br>ここの(つ) | キュウ<br>やす(む)<br>やす(まる)<br>やす(める) | ギョク<br>たま |

## 1年生

| 金 | 空 | 月 | 犬 | 見 | 五 | 口 | 校 |
|---|---|---|---|---|---|---|---|
| キン・コン<br>かね<br>※かな | クウ<br>そら・あ(く)<br>あ(ける)・から | ゲツ・ガツ<br>つき | ケン<br>いぬ | ケン<br>み(る)<br>み(える)<br>み(せる) | ゴ<br>いつ<br>いつ(つ) | コウ・ク<br>くち | コウ |

## 1年生

| 左 | 三 | 山 | 子 | 四 | 糸 | 字 | 耳 |
|---|---|---|---|---|---|---|---|
| サ<br>ひだり | サン<br>み<br>み(つ)<br>みっ(つ) | サン<br>やま | シ・ス<br>こ | シ<br>よ・よ(つ)<br>よっ(つ)・よん | シ<br>いと | ジ<br>※あざ | ※ジ<br>みみ |

## 1年生

| 七 | 車 | 手 | 十 | 出 | 女 | 小 | 上 |
|---|---|---|---|---|---|---|---|
| シチ<br>なな・なな(つ)<br>※なの | シャ<br>くるま | シュ<br>て<br>※た | ジュウ・ジッ<br>とお<br>と | シュツ・※スイ<br>で(る)<br>だ(す) | ジョ・※ニョ<br>※ニョウ<br>おんな<br>※め | ショウ<br>ちい(さい)<br>こ<br>お | ジョウ・※ショウ<br>うえ・※うわ・かみ<br>あ(げる)・あ(がる)<br>のぼ(る)・※のぼ(す)<br>※のぼ(せる) |

# 小学校で習《なら》う
# 漢《かん》字《じ》
# 1026字

（学年順）

小学1年から6年までに習《なら》う
1026字を学年順《じゅん》にならべています。
六度法《ろくどほう》の練習《れんしゅう》用《よう》にお使《つか》いください。

## 富澤敏彦 とみざわ・としひこ

オフィス「六度法」代表。国語教師時代に、日本初の字形整正技術「六度法」を創案。現在、市民講座や教員向け講座などを中心に、その普及に力を注いでいる。「実用のための書写教育—六度法」で、第54回読売教育賞最優秀賞を受賞。
政府派遣教員として、アメリカ・イギリスに10年間勤務。文部科学省海外子女教育専門官・ロンドン補習授業校校長・ロンドン駐在欧州統括指導員なども歴任。著書に『教師のためのきれいな字を書く六度法1週間レッスン』(旬報社)『簡単ルールできれいな字を書く 常用漢字2136 モデル字集』(NHK出版)など。
公式HP http://rokudohou.com/

「六度法」商標登録
「右上がり六度線」実用新案取得

＊六度法下敷きはご使用のノートの紙質・紙厚などにより透け具合が異なります

新学習指導要領対応版
3つのかんたんルールで字がうまくなる!
# まほうの下じき付き 子ども六度法ノート

2020年 3月31日　初版第1刷発行

著者 —— 富澤敏彦
装丁・本文デザイン —— 根田大輔
イラスト —— 山下光恵
発行者 —— 木内洋育
編集担当 —— 熊谷 満

発行所 —— 株式会社 旬報社
〒162-0041 東京都新宿区早稲田鶴巻町544
中川ビル4F
電話(営業)03-5579-8973
http://www.junposha.com
印刷・製本 —— シナノ印刷株式会社


ISBN978-4-8451-1623-2

まほうの六度法下じき